구두를 신은 세계사

신발로 살펴보는 세계의 역사와 문화

구두를 신은 세계사

태지원 지음

㈜자음과모음

차례

1- 욕망의 대명사가 된 신발

구두 수집광은 어떻게 탄생할까 · **9**

오픈 런의 현장, 한정판 운동화가 가진 힘 · **23**

인기 많고 비싼 신발이 좋은 신발? · **37**

JUMP! 나는 소비한다, 고로 존재한다?
　　　21세기 호모 컨슈머리쿠스 보고서 · **51**

2- 신발, 내가 누구인지 말하는 존재

신데렐라는 왜 하필 구두를 흘리고 갔을까? · **57**

한 사람이 걸어온 길을 보여주는 발자국 · **68**

하이힐, 원래 남성의 구두였다? · **76**

JUMP! 신발로도 계급을 나눌 수 있나요? · **91**

3 – 신발, 환경이 빚어낸 발명품

크록스의 원조는 어느 나라일까? · **97**

핀란드 스키부대에 숨은 비밀 · **109**

녹조 라떼로 신발을 만든다고? · **121**

JUMP! 신발을 신는 나라와 벗는 나라 · **131**

4 – 신발에 담긴 차별의 역사

10cm 발에 욱여넣은 여성의 자유 · **137**

다뉴브 강변에 놓인 신발 동상의 정체 · **145**

If you were in my shoes에 숨은 의미 · **158**

JUMP! 혐오하는 마음은 어디에서 시작될까? · **167**

5 – 신발, 저항의 상징이 되다

미국 대통령 얼굴로 날아든 신발 · **173**

간디가 신발 한 짝을 마저 버린 이유 · **181**

1987년 청년의 운동화, 되살아나다 · **189**

JUMP! 신발은 왜 저항의 상징이 되었을까? · **198**

사진 출처 · 참고 문헌 · **201**

1

욕망의
대명사가 된
신발

구두 수집광은
어떻게 탄생할까

　집 안의 신발장을 떠올려 볼까요? 신발장 안에 내 신발이 몇 켤 레쯤 있나요? 어디든 편하게 걸을 수 있는 슬리퍼, 쨍쨍한 날 외출 용으로 신는 구두, 숨이 차게 달려도 편안하게 발을 감싸는 운동화, 추운 날 발목까지 따뜻이 덮어 줄 장화. 다양한 쓰임새를 가진 신발 몇 켤레가 자리 잡고 있을 거예요.

　세상에는 수십 켤레, 수백 켤레의 신발을 가진 이들도 있습니다. 가끔 TV 프로그램에 신발 수집이 취미인 유명인이 등장하곤 합니다. 방 하나에 가지런히 놓여 있는 수백 켤레의 신발을 보면 놀라움 에 입이 떡 벌어지곤 하지요.

　그러나 수백 켤레의 신발을 가진 수집가조차 깜짝 놀랄 만한 인물이 있어요. 1,000켤레 넘는 구두를 소유해 유명해진 사람, 한때 필리핀의 영부인이었던 이멜다 마르코스가 그 주인공입니다.

이멜다의 남편 페르디난드 마르코스는 1965년에 필리핀 제10대 대통령으로 당선되었어요. 그 후로도 오랫동안 필리핀 지도자 자리에 앉아 있었죠. 마르코스는 대통령이 되기 전인 1954년, 한 여성의 아름다움에 반해 만난 지 11일 만에 청혼했어요. 그렇게 마르코스와 결혼한 여성이 이멜다입니다. 이멜다는 남편의 선거운동을 도우며 정치인의 아내 역할을 충실히 해냈어요. 빈민가를 돌아다니며 형편이 어려운 사람들의 집을 방문하는 등 소탈한 모습을 보여주기도 했죠.

그러나 마르코스가 대통령으로 당선되고 난 뒤, 소탈했던 부부의 모습은 온데간데없이 사라졌습니다. 남편 마르코스는 대통령이 된 후부터 무려 21년간 부당한 권력을 휘둘렀습니다. 마르코스가 독재자로 권력을 휘두르는 동안, 그 아내 이멜다 역시 국가의 중요한 자리를 차지하고 힘과 권력을 과시했어요. 그녀는 마닐라시의 시장과 복지부 장관 자리에 오르기도 했고, 필리핀 특별 대사로 미국 대통령 닉슨과 레이건, 중국의 마오쩌둥 등 유명한 지도자를 만나기도 했습니다. 대통령의 부인이라는 이유만으로 특별한 정치적 힘을 손에 쥔 거죠.

그렇지만 이멜다가 전 세계에 제대로 알려진 건 1986년입니다. 마르코스 정부의 오랜 독재와 부정부패를 견디지 못한 필리핀 시민들이 피플 파워(People Power)라는 민주화 혁명을 일으킨 직후였죠. 마르코스와 이멜다 부부는 이 혁명으로 쫓겨나 하와이로 도주하는 처지가 되었어요. 혁명을 일으킨 시민들은 마르코스 대통령 부부가 살던 말라카냥 궁을 점거했는데, 이 때 시위대는 궁에서 부부가 미처 챙기지 못하고 떠난 명품 드레스와 가방, 장신구 등 사치품을 발견했습니다. 무엇보다 사람들의 놀라움을 자아낸 건, 방 한 가득 쌓여 있던 명품 구두였습니다. 샤넬, 페라가모, 지방시 등 이름만 대면 알만한 명품 브랜드의 구두가 무려 1,000켤레 넘게 신발장을 가득 채우고 있었다고 해요.

1,000켤레 구두의 주인 이멜다

"그녀는 8년 간 매일 구두를 갈아 신었다. 하루도 같은 구두를 신은 적이 없다."

마르코스와 이멜다의 이야기가 알려진 후 호주의 한 방송사에서 보도한 내용입니다. 구두 수집광 이멜다가 세계적인 주목을 받게 된 순간이었죠.

보도에 따르면 이멜다는 일주일에 10켤레씩 구두를 수집했다

이멜다의 모습(좌), 이멜다의 구두(우)

고 해요. 어마어마한 사치의 흔적은 구두뿐이 아니었습니다. 이멜다와 마르코스가 살던 궁전 바닥은 이탈리아산 대리석으로 꾸며져 있었고, 욕실 세면대는 순금으로 장식되어 있었죠. 필리핀 국민들이 분노한 건 부부가 사치를 일삼았기 때문만은 아니었습니다. 대통령 부부가 나랏돈을 빼돌려 자신들의 욕망을 마음대로 펼쳤기 때문입니다.

필리핀은 1960년대까지만 해도 일본 다음가는 선진국이었습니다. 세계은행(IBRD)이 남긴 통계를 보면, 1961년 우리나라의 1인당 국내총생산이 92달러였습니다. 1인당 국내총생산이란 1년 동안 한 나라 국민이 국가 안팎에서 생산 활동에 참여하며 벌어들인 금액의 평균인데요, 보통 그 나라의 경제 수준이나 국민의 생활수준을 파악할 수 있는 자료입니다. 당시 한국은 일제 강점기와 6.25 전쟁의 폐해로 어려운 형편을 벗어나지 못한 상태였죠. 같은 해 필리핀의 1인당 GDP는 260달러였습니다. 당시 필리핀은 우리보다 2배 이상의 소득을 벌어들이던 나라였던 거지요.

그러나 마르코스의 독재가 이어지는 동안 필리핀 경제는 내리막길을 걸었습니다. 마르코스는 1972년, 사회적 갈등을 막는다는 명분으로 계엄령을 내렸습니다. 계엄령은 전쟁이나 커다란 재난 등 국가가 비상사태에 놓였을 때 국가의 지도자가 군대를 동원할 수 있는 권리를 말해요. 민주주의 국가에서는 국가 지도자라 해도 함부로 계엄령을 내릴 수 없어요. 국회의 동의를 얻어야 한다는 원칙이 있기 때문이에요. 그렇지만 몇몇 독재자는 그 원칙을 제대로 지키지 않았죠. 자신의 권력 유지를 위해 계엄령을 내리고, 군대를 마음대로 동원하며 반대파를 억누른 독재자가 많았습니다.

마르코스도 마찬가지였어요. 필리핀에 계엄령을 내린 이후 자신의 독재에 반대하는 정치인들을 감옥에 가두고, 반대파를 고문하고 살해하는 악행을 저질렀습니다. 아내인 이멜다 뿐 아니라 자신의 아들이나 지인을 나라의 중요한 관직에 앉히는 행동도 서슴지 않았어요.

마르코스의 독재가 이어지는 동안 필리핀의 경제와 민주주의는 뒷걸음질쳤어요. 마르코스 부부는 국가의 사업을 독점해 나랏돈을 빼돌리고 부정부패를 일삼았습니다. 부부의 해외 비밀 계좌에는 천문학적인 돈이 숨겨져 있었다고 해요.

잘못된 정치 속에서 아시아의 선도 국가였던 필리핀의 처지도 점차 나빠졌습니다. 우리나라 1인당 국내총생산이 현재 3만 달러를 넘은 데 비해, 현재 필리핀은 3,623달러에 머물러 있습니다. 한때 우리나라 소득의 2배를 벌어들이던 필리핀과 우리의 처지가 역전되었죠. '피플 파워'라는 혁명으로 용감한 필리핀 시민들이 민주화 혁명을 성공시켰지만, 21년간 이어진 마르코스의 독재로 망가진 나라를 완전히 일으키기란 쉽지 않았습니다.

우리는 필리핀과 마르코스의 이야기를 통해 중요한 교훈을 얻을 수 있습니다. 국가 지도자의 잘못된 정치와 부정부패로 한 나라가 내리막길을 걸을 수도 있다는 것이지요.

이멜다의 구두는 어디로 갔을까

사치품의 대명사가 된 이멜다의 구두들은 이후 어떤 운명을 맞이했을까요? 필리핀 정부는 나랏돈을 빼돌리고 사치를 일삼으면 안 된다는 교훈을 주려고 이멜다의 구두를 국립박물관에 전시했습니다. 현재는 그 일부가 2001년에 문을 연 마닐라의 마리키나 구두 박물관이라는 곳에 남아 있습니다. 구두가 지나치게 많아 관리에 애를 먹을 정도라고 해요. 2012년에는 구두에 곰팡이가 슬고 망가져서 화제가 되기도 했지요.

이쯤 되면 구두가 아니라 그 주인, 이멜다가 어떤 운명을 맞이했는지도 궁금해집니다. 하와이로 내쫓긴 마르코스와 이멜다는 정의의 심판을 제대로 받았을까요? 안타깝게도 그렇지 않았습니다. 남편인 마르코스는 하와이에서 병으로 사망했지만, 이멜다는 다시 필리핀으로 돌아와 여전히 유명한 정치인으로 살고 있어요.

이해하기 어려운 일이지만, 잘못된 정치로 쫓겨나긴 했어도 모든 국민이 독재자를 미워하는 건 아니었어요. 일부는 마르코스의 집권 시기가 경제적으로 풍요로웠다며 대통령 부부를 그리워하기도 했습니다. 이멜다는 영부인 자리에서 쫓겨난 후에도 남편의 고향인 북일노코라는 지역에서 여전히 큰 인기를 누렸어요. 마르코스가 대통령일 당시 이 지역에 아름다운 다리와 자연 동물원 등을 만들며 인기를 쌓았기 때문입니다. 북일노코를 지지 기반으로 필리핀에 돌아온 이멜다는 이 지역의 상원 의원이 되었습니다. 아들인 마르코스 주니어(봉봉 마르코스)는 상원 의원을 거쳐 2022년 필리핀의 제17대 대통령으로 당선되기까지 했어요.

덕분에 이멜다는 대통령의 아내에서 대통령의 어머니로 당당히 필리핀 국민 앞에 다시 섰습니다. 그녀는 여전히 고아원이나 빈민가에 갈 때마다 인심 쓰듯 지폐를 나누어 줍니다. 어려운 사람에게 돈을 나누며 인기를 얻는 것이지요. 중요한 건 이 돈이 필리핀 경제를 어렵게 만들며 빼돌린 나랏돈이라는 거예요. 씁쓸한 진실이지요.

이멜다의 구두에 얽힌 사연을 돌아보면, 단순히 독재자의 아내가 사치를 부린 이야기 정도로 넘어가기 어려워요. 그녀가 8년간 매일 다른 구두를 신었다는 이야기, 쇼핑 가방 수백 개를 들기 위해 수행원 50여 명이 따라다녔다는 일화는 우리가 쉽게 이해하기 어렵습니다.

구두는 발을 보호하기 위한 물건이에요. 쓸모만을 따진다면, 사실 몇 켤레의 신발만으로도 충분히 생활할 수 있습니다. 그러나 이멜다는 이미 구두를 실컷 가졌음에도 매일 새로운 구두를 사들였습니다. 제아무리 많은 돈을 가졌다 할지라도 이 정도의 사치를 부릴 이유가 있었을까요? 1,000켤레가 넘는 신발을 가졌음에도 하루에 10켤레의 신발을 사 모을 만큼 이멜다를 구두 수집광으로 만든 건 무엇이었을까요?

지름신 강림의 비밀

TV 화면에 유명인이 곱창을 맛있게 먹는 모습이 나옵니다. TV

앞에 모여든 전국의 시청자에게 이 장면은 새로운 유혹으로 다가가지요. 매력적인 먹방을 보며 군침을 흘리던 사람들은 홀린 듯 휴대전화로 음식 배달 앱을 켜고 곱창을 시킵니다. 곱창 요리를 파는 음식점으로 달려가기도 하지요.

요즘에는 이렇게 불현듯 물건을 사고 싶은 욕망에 휩싸이는 걸 '지름신이 강림했다'고 표현합니다. 그런데 이 '지름신 강림'을 단순히 충동적인 욕망의 결과라 볼 수 있을까요? 충동적이라 생각하던 욕망을 자세히 살펴보면 의외의 사실을 알 수 있습니다.

미국의 경제학자 존 갤브레이스는 『풍요한 사회』(한국경제신문사, 2006년)라는 책에서 현대인의 욕망을 분석했어요. 그에 따르면 현대 사회의 소비자는 자신에게 꼭 필요한 물건만을 사지 않습니다. 마음 깊숙이 원하던 것만을 사지도 않죠. 우리를 소비의 길로 이끄는 건 필요와 욕구가 아닌 타인의 시선, 그리고 미디어 속 광고입니다.

멋진 모델이 최신 운동화와 트레이닝 복을 입고 빌딩 숲 사이 공원을 달리는 TV 광고를 봤다고 상상해 볼까요. 시청자들은 '멋진 운동화와 트레이닝복 차림으로 조깅을 하는 내 모습'을 떠올립니다. 기능과 디자인이 뛰어난 최신 스마트폰 광고를 볼 때도 비슷합니다. 광고를 보는 이들은 '새로운 스마트폰을 들고 행복해하는 나'를 상상하지요. 이러한 상상을 하며 사람들은 신제품을 구매합니다. 새로운 운동화나 스마트폰이 필요하지 않은데도 말이에요.

또 갤브레이스는 어떤 식으로 광고가 사람들의 욕망을 부추기는지 설명합니다. 광고를 보면서 사람들은 '이것을 가지면 다른 사람들보다 더 나은 위치, 더 행복한 삶을 살 수 있다'는 생각을 품게 되고, 이 생각이 새로운 상품의 소비로 이어진다고 해요. 다시 말해 광고가 사람들에게 이전까지 없었던 새로운 욕구를 주입시켜 불필요한 무언가를 사게 만든다는 것입니다.

광고의 유혹과 의존효과

이렇게 자신의 내면에서 우러나온 필요나 의지가 아닌, 광고나 선전에 의존해 새로운 상품을 소비하는 행동을 갤브레이스는 '의존효과'라고 이야기했어요. 의존효과는 오늘날과 같이 풍요로운 자본주의 사회에서 나타나기 쉽습니다.

산업혁명 이전을 상상해 보세요. 대부분의 사람에게는 가난과 굶주림에서 벗어나 기본적인 의식주를 해결하는 것이 가장 중요했습니다. 다행히 산업화 이후 공장에서 대량생산이 가능해지면서 많은 이가 배고픔과 굶주림을 해결했습니다. 지금은 많은 사람이 기본적인 욕구를 해결할 만한 재화를 갖추고 있습니다. 살아가는

데 필요한 생필품은 이제 누구나 당연히 가지고 있는 물건이 되었죠. 그렇기에 '남과 나를 다르게 만들어 줄 물건'이 필요한 세상이 온 거예요.

이런 세상에서는 광고가 구매자를 유혹하는 방식도 바뀌어 갑니다. '여기 튼튼하고 실용적인 신발이 있습니다' 정도의 광고 문구로는 소비자의 구매를 이끌어 낼 수 없어요. '이 신발이 더 근사한 삶, 멋진 장소로 여러분을 데려다 줄 거예요.' '모두가 이 신발을 구매해 신고 다니는 당신을 부러워할 거예요.' 정도의 메시지를 전달해야 하지요.

이런 문구가 필요한 이유는 간단해요. 광고는 타인에게 없는 특별함을 줄 듯 소비자를 유혹합니다. 자본주의가 발달한 현대 사회에서는 내가 무엇을 입고, 신고, 먹는지, 어떤 취미를 즐기는지에 따라 사회적 지위가 결정될 수 있습니다. 사람들은 누군가를 만났을 때 그 사람의 옷차림새를 훑어보며 그 사람의 경제적 상황이나 직업 등을 유추하기도 해요. 남에게 보이는 것, 남들이 부러워할 만한 물건을 가진 게 중요한 일이 되기도 합니다. 이렇게 풍요로운 사회에서는 다른 사람보다 더 예쁘고 멋진 것을 가지기 위한 욕망이 끊임없이 탄생합니다.

1,000켤레 이상의 신발을 가지고 있었던 이멜다는 "누구에게나 구두를 가지고 싶은 욕망이 있다"고 말한 바 있습니다. 그러나 그

것이 사람들의 '진짜' 욕망일까요? 기업의 광고에서 비롯된 가짜 욕망은 아닐까요? 이멜다의 한마디 말은 우리 안의 욕망이 어디에서 샘솟는지 의문을 던집니다.

욕망에도 한계가 있을까?
한계효용체감의법칙과 중독의 함정

2009년 개봉한 할리우드 영화 〈쇼퍼홀릭〉의 주인공 레베카는 명품을 사는 데 중독된 젊은이다. 그러나 평범한 직장인인 레베카의 월급으로 원하는 명품을 모두 구매하는 건 무리다. 결국 레베카는 카드빚이 쌓여 경제적으로 어려운 지경에 이른다. 레베카는 어째서 빚을 지면서까지 물건을 사들이게 된 걸까?

배고픈 사람은 첫술을 떴을 때 가장 큰 만족감을 느낀다. 그러나 아무리 맛있는 음식이라도 한 가지 음식을 반복해 먹다 보면 점점 지겨워진다. 뷔페에 갔을 때를 상상하면 된다. 첫 번째 접시를 비우고 두 번째 접시를 비우는 중이라고 상상해 보자. 계속 먹다 보면 배가 불러서 더 이상 먹기가 힘들고, 질린다는 느낌도 들 것이다. 자연스럽게 음식을 한 입, 한 입 먹는 순간의 만족감도 점점 줄어들 것이다. 이렇게 똑같은 음식을 계속 먹거나 같은 물건을 거듭해 소비하면, 우리가 느끼는 순간적인 기쁨이나 만족은 점점 떨어진다. 경제학에서는 이렇게 물건을 소비하거나 음식을 먹을 때 느끼는 순간의 만족감을 한계효용

(限界效用)이라고 부른다. 그리고 순간적으로 느끼는 만족감이 점차적으로 줄어드는 현상을 '한계효용체감의법칙'이라고 부른다. 물건뿐 아니라 경험을 위한 소비도 마찬가지다. 첫 해외여행을 가거나 처음으로 고급 식당에 가서 밥을 먹으면 아주 특별한 추억이 되지만, 그 역시 여러 번 경험하면 점점 그저 그런 일이 되고는 한다.

그러나 한계효용체감의법칙에도 예외는 있다. 중독되었을 때다. 쇼핑이나 게임, 알코올 등에 중독이 되면 합리적 판단을 하기 어렵다. 하루 종일 소비를 해도 더 많은 물건, 더 많은 행위, 더 커다란 자극을 원하게 된다.

〈쇼퍼홀릭〉 속 레베카나 1,000켤레가 넘는 구두를 소유했던 이멜다 모두 쇼핑 중독에 빠진 예라고 볼 수 있다. 이 경우 예전과 비슷한 수준으로 쇼핑을 해도 만족감을 느끼지 못한다. 쇼핑하지 않을 때는 우울함이나 긴장감, 공허함을 느끼기도 한다. 더 많은 물건을 사야만 하는 덫에 걸린 것이다. 게임, SNS, 음식 등 많은 것이 비슷한 방식으로 우리를 중독으로 이끈다. 게임을 끊지 못하고 계속하거나, SNS나 스마트폰 화면을 습관적으로 바라보고 있다면, 내가 지금 중독의 덫에 걸린 것은 아닌지 돌아볼 필요가 있다.

오픈 런의 현장,
한정판 운동화가 가진 힘

난데없이 수십 명의 사람이 우르르 달려 나와 백화점 에스컬레이터를 역주행합니다. 에스컬레이터를 다 올라온 이들은 어딘가를 향해 또다시 질주하지요. 2022년 유튜브에서 화제가 된 동영상 속 장면입니다. 해당 동영상에는 사람들의 행동이 얼마나 위험한지 지적하거나 재난 영화나 좀비 영화의 실사판처럼 보인다는 댓글이 달렸어요. 이 아찔한 장면을 연출한 건 무엇이었을까요. 다름 아닌 한 켤레의 운동화였습니다.

그날 에스컬레이터 역주행을 이끈 신발의 이름은 '에어 조던 1 로우 G'입니다. 미국의 전설적인 농구 선수, 마이클 조던의 이름을 딴 신발이에요. 대체 사람들은 왜 이 신발에 열광했을까요?

슈퍼스타 스니커즈

골프화든 농구화든 러닝화든 우리가 흔히 '운동화'라고 부르는 신발들은 대개 발이 쉽게 젖지 않도록 고무로 밑창을 만들어요. 이런 신발을 스니커즈(Sneakers)라고 합니다. '살금살금 걷다'는 뜻의 스니크(Sneak)에서 비롯된 말인데요, 밑창의 고무 덕분에 소리가 나지 않아 붙은 말입니다.

고무는 고무나무에서 추출한 진액으로 만들어요. 남아메리카와 라틴아메리카가 그 고향입니다. 한때 유럽인들은 이 고무로 만든 덧신을 애용했는데, 발이 물에 젖지 않게 하기 위해서였습니다. 그러나 고무 신발은 추위에 약해서 쉽게 갈라지고 열에 약해서 쉽게 녹는다는 단점이 있었어요. 19세기 찰스 굿이어라는 사람이 고무를 좀 더 튼튼한 소재로 만들었을 때 고무 밑창이 달린 튼튼한 스니커즈가 탄생할 수 있었습니다. 처음에는 테니스 같은 스포츠를 즐기던 부유한 중산층이 스니커즈를 애용했어요. 19세기 후반부터 유럽 국가들이 콩고나 브라질 등을 식민지로 만들어 원주민을 착취하면서 고무를 더 많이 생산하자 스니커즈의 가격도 낮아졌습니다. 이후 많은 사람이 농구나 조깅 등 스포츠를 즐기게 되면서 스니커즈는 모든 계층이 즐겨 신는 신발이 되었습니다.

20세기 이후 운동화 제조 기업들은 인기 있는 운동선수에게 자기 회사의 신발을 신겨 광고 효과를 톡톡히 누렸습니다. 덕분에 어떤 신발은 스니커즈계의 전설이 되었죠. 사람들을 에스컬레이터에서 역주행하게 할 정도로요. 그리고 이 역주행 사건을 만든 에어 조던의 이야기를 본격적으로 살펴보려면 지금으로부터 40년 전으로 시간을 거슬러 가야 합니다.

농구장에서 시작된 에어 조던의 신화

1984년, 미국 프로 농구(NBA) 시카고 불스 팀에 이제 막 들어온 21세의 청년이 있었습니다. 이 청년은 NBA의 전설로 남은 사나이, 마이클 조던입니다. 조던은 주목받는 선수였지만, 1984년에는 아직 프로 경력을 쌓지 못한 신인이었습니다.

이때 조던에게 다가온 기업이 있었어요. 스포츠 브랜드 나이키였습니다. 세계 최고 매출을 자랑하는 현재 나이키의 위상을 생각하면 곤란합니다. 당시 나이키는 농구화 시장에서 컨버스나 아디다스 같은 회사에 밀리는 신세였습니다. 그때만 해도 미국 프로 농구 선수들은 나이키 대신 컨버스를 신고 코트를 누볐지요.

그렇기에 나이키로서는 어떤 선수를 브랜드의 모델로 삼느냐가 중요한 때였습니다. 지금도 마찬가지지만, 운동화 제조 업체들은

마이클 조던(좌)과 에어 조던 1(우)

유명한 선수들에게 막대한 후원을 하면서 광고 모델로 쓰거나 경기에서 자기 회사의 제품을 알리는 데 공을 들였습니다.

한 예로 컨버스는 1920년대 미국의 농구 선수였던 찰스 척 테일러에게 '올스타'라는 이름의 신발을 후원했습니다. 테일러는 올스타를 신고 경기장을 누비며 컨버스의 신발을 세상에 알렸고, 컨버스는 이 올스타에 테일러의 이름을 넣어 '컨버스 척 테일러 올스타'란 이름을 붙여 주었어요. 이때부터 유명 운동선수가 제품을 신고 훌륭한 성적을 내면 기업도 자신의 브랜드를 널리 알릴 수 있는 상부상조의 관계가 성립되었습니다.

이런 분위기 속에서 다른 회사에 밀리던 나이키는 새로운 바람을 일으킬 농구 선수를 찾고 있었습니다. 그때 눈에 띈 인물이 마이클 조던이었어요. 나이키는 조던에게 어마어마한 후원 조건을 내걸었습니다. 거액의 후원금뿐 아니라 나이키에서 그의 이름을 딴 운동화를 만들어 팔면 총 매출액의 5퍼센트를 주기로 약속했죠. 신인인 조던에게 미래를 걸어보기로 결심한 겁니다. 조던은 한동안 망설였지만, 유리한 조건과 나이키의 정성에 마침내 설득당했습니다.

이 계약 덕분에 조던의 이름을 딴 에어 조던이라는 농구화가 탄생했습니다. 1985년이었지요. 첫 신발 에어 조던 1은 빨간색과 검정색이 어우러진 가죽 재질의 근사한 신발이었어요.

이 근사한 신발이 모두에게 환영받은 건 아니었습니다. 프로 농구 복장 규정에 어긋났기 때문입니다. 당시 미국 프로 농구 선수들은 대부분 흰색이나 검은색 등 무채색의 농구화를 신고 경기를 뛰었습니다. 마이클 조던이 검정색과 빨간색으로 화려함을 뽐내는 에어 조던을 신고 코트를 누비자, NBA는 복장 통일 규정을 어겼다는 이유로 벌금을 부과했습니다. 그러나 이러한 경고에도 불구하고 나이키는 마이클 조던에게 에어 조던을 계속 신게 했어요. 나이키가 이 벌금을 조던 대신 모두 내줬다는 이야기는 유명합니다. 그리고 나이키는 'NBA에서는 금지했지만 여러분은 괜찮다. 신어라'라는 홍보 문구를 내걸었어요. 금기를 깨고 자유로움을 추구하는 반항아 이미지를 내세워 브랜드를 홍보한 것이죠.

이 에어 조던에 관련된 이야기가 거짓이라는 지적도 있었습니다. 마이클 조던이 검붉은 색깔의 에어 조던을 신고 정규 경기에 뛴적이 없고, 올스타 경기나 잡지에 실릴 사진을 찍을 때만 이를 신었다는 얘기였지요. 나이키가 진실과 거짓을 교묘하게 섞어 마케팅을 펼쳤다는 거예요.

그런 지적에도 불구하고 나이키의 광고는 큰 성공을 거두었습니다. 마이클 조던은 가볍고 우아하게 점프하며 농구장을 누비는 슈퍼스타가 되었고, 조던의 놀라운 성적과 인기만큼 에어 조던 신발도 불티나게 팔렸지요. 이후 에어 조던 시리즈는 지금까지도 선풍적인 인기를 끄는 나이키의 대표 신발로 자리 잡았습니다. 나이키 역시 컨버스와 아디다스 등 경쟁사를 제치고 스포츠 브랜드 1위에 올랐죠. 운동화에 반항과 자유의 이미지를 덧입힌 나이키의 전략이 눈부신 성공을 이끈 셈입니다.

마이클 조던은 2003년을 마지막으로 프로 농구에서 은퇴했지만, 여전히 농구계의 전설로 남아 있습니다. 농구계뿐 아니라 스니커즈계의 슈퍼스타로도 우뚝 서 있죠. 조던이 쌓아 올린 부의 대다수는 나이키와의 계약으로 이룬 것입니다. 한 언론 매체는 조던이 신발과 옷 판매를 통해 2022년에만 2억 5,600만 달러(약 3,238억 원)를 벌어들였다고 전했습니다. 그가 미국 프로 농구 현역 시절 번 돈보다 더 큰 돈을 벌고 있는 것이죠. 나이키와 조던의 인연은 양쪽 모두에게 어마어마한 수입을 안겨 줬고, 더불어 스니커즈 신화를 새롭게 썼습니다.

운동화는 어쩌다 재테크 수단이 되었을까?

앞서 이야기한 에스컬레이터 역주행 사건으로 이야기를 되돌려 볼까요. 이름을 보면 알 수 있듯 '에어 조던 1 로우 G' 역시 조던의 이름을 딴 신발 중 하나입니다. 농구 천재 조던은 골프광이기도 했습니다. 덕분에 나이키에서는 조던의 이름을 붙인 골프화도 출시했습니다. 이 골프화의 등장에 많은 사람의 관심이 쏠렸죠.

문제는 이 운동화가 매장당 선착순 100명에게만 판매되는 한정판 제품이라는 것이었습니다. 조던의 이름을 딴 데다 골프화라는 이유로 찾는 사람이 많았는데, 한정판으로 100명만 가질 수 있다고 하니 사람들은 더욱 간절히 이 신발을 원했습니다. 여기에 더해 나이키가 색깔별로 1인 1켤레만 살 수 있도록, 매장에서만 구매할 수 있도록 조치하자 분위기는 더욱 과열되었죠.

결국 사람들의 관심과 나이키의 전략이 맞물려 백화점에서 소동이 일어났습니다. 운동화 판매가 시작된 이날 한국에 있는 40여 곳 나이키 매장 앞에 사람들이 줄을 섰습니다. 백화점 문을 열자 한정판 신발을 원하는 사람들이 앞다투어 나이키 매장을 향해 달려갔어요.

에스컬레이터 역주행 동영상의 뒷배경을 알게 된 네티즌들은 신발 하나에 저 정도 위험을 감수해야 하는지 의문을 표했습니다.

그렇지만 한편으로는 신발 한 켤레의 위력이 얼마나 대단한지 깨닫기도 했지요.

1,000만 원에 팔린 20만 원짜리 신발

신발의 놀라운 위력은 숫자로도 증명됩니다. 앞서 에스컬레이터 역주행 사건을 일으킨 에어 조던 1 로우 G의 정식 가격은 17만 9,000원이었습니다. 그러나 1년 후 중고 시장에서 그 값은 두 배로 뛰었습니다. 매장에서 파는 정품보다 더 비싼 값에 팔린 거지요.

에어 조던 골프화뿐 아니라 수많은 한정판 스니커즈가 리셀(재판매) 시장에서 인기를 끌고 있어요. 명품과 스트리트 패션 시장을 모두 사로잡은 유명 디자이너 버질 아블로가 디자인한 또 다른 조던 신발 역시 놀라운 가격을 기록했습니다. 원래 이 스니커즈의 가격은 190달러(23만 원)였는데, 2022년 버질 아블로가 암으로 사망했다는 소식이 알려지며 다시는 구하기 어려운 귀한 신발이 되었습니다. 결국 이 스니커즈의 값은 50배 이상 뛰어 재판매 시장에서 1,100만 원이 넘는 가격에 팔렸습니다.

스니커즈의 인기에 힘입어 '스니커테크'라는 신조어도 등장했습니다. 스니커테크는 스니커즈와 자산 불리기를 뜻하는 재테크를 합친 말로, 우리가 평소 신는 신발로 돈을 버는 특이한 방법을 뜻합니다. 선착순이나 추첨 방식으로 한정판 상품을 정가에 구매해서 이를 비싼 값으로 되팔아 이득을 얻는 것이지요. 22만 원짜리 상품이 1,100만 원이 되는 마법이 벌어지는 시장이니, 스니커테크는 젊은 층을 중심으로 점점 더 유행을 타고 있습니다.

운동화가 재테크의 수단으로 자리 잡은 이유는 뭘까요? 일단 스니커즈 중에서도 소비자에게 인기몰이를 한 상품은 대량생산 상품이 아닌 고작 몇십, 몇백 켤레만 출시되는 한정판 제품입니다. 언뜻 생각하기에는 신발 회사들이 왜 한정판 제품을 만드는지 의아할 때가 있습니다. 기업의 입장에서는 잘 팔리는 상품을 대량생산

스니커콘에 진열된 운동화

해 팔면 더 큰 수입을 얻을 테니까요. 그렇지만 한정판 상품은 기업에게 또 다른 이득을 안겨 줍니다. 한정판 상품은 '한발 늦으면 구할 수 없는 귀한 것'이라는 생각을 불러일으켜요. 가끔 홈쇼핑 방송을 보면 '매진 임박'이라는 문구를 볼 수 있는데, 이 문구는 조금 더 늦으면 제품을 구하기 어렵다는 신호를 보내는 겁니다. 그 신호는 '그만큼 인기 있고 구하기 어려운 귀한 상품'이라는 생각으로 이어져 소비자의 구매 욕구를 부추깁니다. 매진 임박 문구와 비슷한 맥락으로, 한정판 제품도 물건의 희소가치를 높인다는 점에서 소비자를 유혹하는 거예요.

이렇게 귀한 상품을 가진 사람은 어떤 기분이 들까요? 한정판 운동화를 신고 다니는 사람은 누구나 신을 수 있는 평범한 나이키 신발이 아니라, 남다른 상품을 신고 다닌다는 자부심을 얻습니다. 누군가는 나의 독특하고 멋진 취향을 알아보고 감탄하기도 하니, 이 자부심은 더욱 커지지요.

이렇게 남들이 선호하는 상품이나 유행하는 상품을 사지 않고 아무나 살 수 없는 차별화된 상품을 구매하는 행위를 스노브(Snob) 효과라고 불러요. 스노브는 자신이 다른 사람들과 격이 다르다고 생각하며 자신의 우월함을 과시하려는 사람을 일컫는 단어예요. 때로 소비자들은 스노브 효과 때문에 평범한 물건을 일부러 사용하지 않고, 다른 사람이 쉽게 살 수 없는 더 값비싼 명품을 사들이기도 해요. 반면 한정판 스니커즈는 많은 돈을 쓰지 않고도 스노브 효과를 누리기에 적절한 상품이에요. 아무리 비싸다고 해도 한정판 운동화의 가격은 10~20만 원 대에 머물러요. 그럼에도 선착순이나 추첨 방식을 통해 소수의 사람만 구매할 수 있으니 남다른 취향을 드러낼 수 있는 귀한 상품이고, 수백, 수천만 원 하는 명품을 사지 않아도 남들과 다르다는 우월감을 느낄 수 있어요. 덕분에 우리나라뿐 아니라 세계적으로 스니커즈를 사고팔면서 돈을 버는 리셀 시장이 성장하고 있습니다. 한 조사 기관에 따르면 세계의 스니커즈 리셀 시장은 매년 약 20퍼센트씩 성장해서 2030년이면 그 규모가 약 35조 원에 이를 거라고 해요.

미국이나 홍콩, 영국 등에서는 스니커즈의 인기가 대단해서, 스니커즈 마니아들을 위한 스니커콘(Sneaker con)이라는 이벤트 마켓이 따로 열릴 정도입니다. 이 행사에서는 스니커즈를 사랑하는 사람이라면 누구나 자유롭게 참여해 자신이 사랑하는 스니커즈를 소개하고 스니커즈를 사고팔거나 교환합니다. 스니커즈를 사랑하는 운동선수나 연예인은 물론이고, 다른 곳에서 보기 어려웠던 꿈과 같은 한정판 스니커즈를 볼 수도 있어요. 독특한 디자인과 근사한 색상의 운동화 한 켤레가 그곳에서는 꿈과 같은 애장품입니다.

선풍적인 인기를 끈 한정판 스니커즈를 보면 그 특별한 디자인과 화려한 색상에 시선을 빼앗기게 돼요. 그리고 상상 못 한 가격에

한 번 더 놀라움을 느끼죠. 한편으로는 궁금증도 솟습니다. 스니커즈를 향한 팬들의 사랑은 상품 자체의 멋진 디자인과 색상에서 비롯된 걸까요? 아니면 이미 수많은 사람이 열광하는 신발이라 더 근사해 보이는 걸까요? 우리의 욕망이 어디에서 비롯되는지 다시 한 번 생각하게 됩니다.

내 취향은 내가 결정한 걸까?

좋아하는 음악은 다 다르다. 어떤 이는 힙합을 좋아하고 또 다른 사람은 클래식 음악을 좋아한다. 아이돌 음악을 좋아하는 사람도, 팝송 듣기를 즐겨하는 사람도 있다. 이렇게 개인에 따라 즐기는 것, 하고 싶은 것이 각기 다른데, 이를 취향이라고 부른다.

그렇다면 나의 취향은 내 마음이 결정한 걸까? 언뜻 그렇게 느껴지기도 한다. 그렇지만 의외로 사람들은 다른 사람의 영향을 받기도 한다. SNS에서 유행하는 음악이나 다른 사람이 많이 산다는 운동화를 별다른 이유 없이 따라 소비하기도 하는데, 경제학에서는 이를 밴드 웨건 효과(Band wagon effect)라고 한다. 밴드 웨건 효과는 다른 사람이 많이 쓰는 물건이나 즐겨 듣는 음악을 일부러 듣지 않는 스노브 효과의 반대되는 현상이라 할 수 있다. 그러나 스노브 효과도 밴드 웨건 효과도 결국 다른 이의 시선을 의식해 소비를 한다는 점에서 공통점이 있다.

한편 개인의 취향이 속한 계급에 따라 결정된다는 의견도 있다. 프랑스의 학자 피에르 부르디외는 사람이 그림이나 자연을 보면서 느끼는 감성이 학력이나 계급, 출신 배경에 따라 다르다고 보았다. 예를 들어 상류층은 어릴 때부터 음악회나 전시회에서 클래식 음악을 즐겨 듣고 예술 작품을 관람할 기회를 가진다. 이것이 자연스럽게 취향으로 이어진다는 것이다. 그러므로 부르디외는 개인의 취향이 마음에 따라 자연스럽게 형성된 것이 아니라 계급을 반영한다고 말한다.

밴드 웨건 효과와 부르디외의 의견은 개인의 취향을 돌아보게 만든다. 내 취향은 나의 개성과 자아에 의해 형성된 것일까, 아니면 주변의 영향을 받은 것일까? 과연 나는 얼마나 주체적으로 좋아하는 것을 선택하고 결정해 왔을까?

인기 많고 비싼 신발이
좋은 신발?

2018년 7월, 캄보디아 남부의 신발 공장에서 한 무리의 사람들이 쓰러졌습니다. 특별한 전염병이 돈 것도, 재난 상황이 벌어진 것도 아니었는데 이틀 사이에 358명이 집단 실신을 했어요. 재봉틀을 돌리던 노동자 한 명이 손을 다쳐 피를 흘렸고, 이 광경을 목격하던 동료들이 하나둘 도미노처럼 쓰러지면서, 순식간에 249명이 실신했습니다. 이튿날에도 같은 공장에서 109명의 노동자가 정신을 잃고 쓰러졌습니다.

공포 영화에서나 등장할 것 같은 이 상황, 캄보디아에서는 특별한 일이 아닙니다. 거의 매년 캄보디아의 신발 공장, 가죽 공장, 봉제 공장에서 노동자들이 집단 실신하는 사태가 벌어져요. 2011년 캄보디아 프놈펜에 있는 스포츠 용품 브랜드 푸마의 공장에서는

4개월 동안 노동자 수십 명이 쓰러졌습니다. 2017년에는 나이키, 푸마, 아식스 등 세계적 스포츠 의류 업체에 상품을 공급하는 캄보디아 4개 공장에서 사람들이 집단 실신해 500여 명이 넘는 노동자가 입원 치료를 받기도 했습니다. 2018년 캄보디아 노동부는 캄보디아 전역의 10개 공장에서 1,825명의 노동자가 쓰러졌다는 내용을 담은 보고서를 발표하기도 했습니다.

집단 실신 사태의 뒷면에는 캄보디아 공장의 열악한 근무 환경이 있습니다. 캄보디아는 적도 근처에 있는 열대 기후 나라예요. 1년 평균 기온이 30도를 넘어가고, 가장 더운 달로 꼽히는 4월 기온은 38도가 넘어갑니다. 한국이라면 폭염 특보가 내릴 정도의 더위죠.

일상 속 더위도 견디기 어렵지만, 캄보디아의 공장 속 공기는 더욱 뜨겁습니다. 환기 시설도 잘 갖춰지지 않은 밀폐된 공간에서 수천 명의 사람이 함께 일합니다. 유해 가스가 누출되었음에도 환기나 냉각 시설이 충분치 않아 수백 명이 실신한 적도 있지요. 이웃 나라 베트남에는 공장 안 온도가 32도를 넘지 않아야 한다는 규정이 있지만, 캄보디아에는 온도 제한 규정조차 없어 더욱 심각한 상황이 벌어진 것입니다.

이토록 열악한 환경에서 긴 시간 일하며 캄보디아 노동자들이 받는 돈은 얼마일까요? 캄보디아 월 최저임금은 527,272리엘(약 17만 4천 원) 정도예요. 초과근무를 해도 한 달에 20만 원에서 30만

원 남짓을 손에 쥘 뿐입니다. 적은 월급, 열악한 환경 속에서 노동자들이 어째서 불만을 표시하지 않는지 의아할 수도 있어요. 그렇지만 공장에서 일하는 사람 대부분이 단기 계약직이라 근무 환경이나 긴 시간 노동에 불만을 표하기 어렵습니다. 빈곤을 벗어나기어려운 상황이라, 일자리를 잃으면 영양실조에 걸려 쓰러질지도모르니까요.

캄보디아는 전 세계에서 많은 신발을 수출하기로 열 손가락 안에 드는 나라입니다. 인기 많고 귀한 신발만큼, 그 신발을 만드는이들도 귀하게 여겨야 하지 않을까요?

아직 한 마을이 아닌 지구촌

많은 사람이 나이키나 푸마, 뉴발란스, 아디다스와 같은 다국적기업의 운동화를 신고 길을 걷습니다. 그러나 이 회사들의 운동화를 실제로 제조하는 건 주로 중국이나 브라질, 인도, 튀르키예, 동남아시아의 베트남이나 캄보디아, 인도네시아의 노동자들이에요.

사람들이 살아가는 이 세상을 흔히 '지구촌'이라고 불러요. 마을촌(村) 자가 들어간 이 말은 세계가 한 마을을 이루고 있다는, 다정한 뜻을 품고 있지요. 그러나 많은 이가 알고 있듯 80억 명에 달하는 지구촌 사람 모두가 평등하게 살아가는 건 아닙니다. 신발 산업의 사정만 들여다봐도 이러한 사실을 쉽게 깨달을 수 있어요. 신발을 만드는 세계적 기업의 본사는 대다수 미국이나 일본, 유럽 등 북반구에 있어요. 앞서 살펴보았듯 이 나라들에서는 멋진 한정판 스니커즈를 갖기 위해 사람들이 리셀 시장을 만들고, 스니커콘이라는 행사를 엽니다. 이런 나라에서는 수십, 수백 켤레의 신발을 가진 사람을 찾는 일이 어렵지 않아요.

그런데 이 멋진 신발이 실제로 제조되는 곳은 대부분 적도 부근 또는 지구의 남반구, 이른바 개발도상국이라 불리는 나라들이에요. 패션 브랜드 본사가 있는 나라에서 직접 물건을 만들지 않고, 임금이 저렴한 나라에 공장을 세워 그곳에서 신발을 만듭니다.

국민 대부분이 저렴한 노동력을 공급해야만 생계를 유지할 수 있는 지구의 남쪽 나라들. 세계적 기업의 본사와 스니커즈 마니아가 존재하는 지구 북쪽 나라들. 이처럼 남반구의 개발도상국과 북반구의 선진국 사이에는 그 거리만큼이나 멀고 먼 경제적 격차가 존재합니다. 이를 남북문제라고 일컫기도 해요. 지구의 절반을 가르고 좁혀지지 않는 간극을 만드는 이 문제는 어디에서 비롯된 것일까요?

집단 실신이 일어난 캄보디아의 역사를 들여다보면 우리나라가 일본의 식민지를 거쳤던 것과 비슷한 시기가 있어요. 유럽 나라들과 미국 등 서양 강대국이 세계 곳곳에 손을 뻗치던 1900년대를 제국주의 시대라 일컫기도 하는데요, 캄보디아는 이때부터 90여 년 간 프랑스의 식민지였습니다. 캄보디아뿐 아니라 인도나 베트남, 브라질 등 저렴한 임금을 받으며 노동자들이 신발을 제조하는 국 가는 대체로 과거 선진국의 식민지였거나, 선진국의 영향권 아래 있던 나라들이지요.

2차 세계대전이 끝난 후 우리나라가 일본의 식민지에서 벗어났 듯, 이 나라들도 대부분은 정치적으로 독립할 수 있었습니다. 그렇 지만 식민지 시대가 남긴 상처와 흔적이 완전히 사라지지는 않았 어요. 식민 지배를 벗어난 많은 나라가 가난을 벗어나기 어려운 환 경에 처해 있었습니다. 또 이 나라들은 제대로 민주주의를 겪어 본 경험이 없어, 정치적으로 불안정을 겪었어요. 정치가 안정되지 않 아 경제도 제대로 성장하기 어려운 악조건이었습니다.

경제적 기반도 탄탄하지 않았습니다. 선진국들은 식민지의 자 원이나 노동력을 착취했어요. 즉 첨단 기술은 선진국의 것이었지 요. 경제 성장의 밑바탕인 기술이 부족했기에 독립 이후에도 나라 의 살림살이가 어려운 건 당연한 일이었습니다. 겉보기에 선진국 의 지배에서 벗어나 자유와 발전의 기회를 얻은 듯했지만, 그렇지 않았습니다. 선진국의 다국적 기업들이 식민지였던 나라의 경제를 지금까지 휘어잡고 있기도 합니다. 지금도 여러 다국적 기업은 개 발도상국의 노동력을 헐값에 이용하고, 자원을 독점으로 개발하며 이득을 얻습니다. 그리고 운동화뿐 아니라 다국적 기업의 많은 상품이 개발도상국의 노동력과 자원을 값싸게 착취해 만들어지고 있어요. 이런 문제가 해결되지 않는다면 선진국과 개발도상국 간의 빈부격차는 몇 년이 지나도 좁혀지지 않을 거예요.

축구공은 사실 둥글지 않다

세계인의 사랑을 받는 스포츠 중 하나인 축구. 축구공이 선수들 사이를 빠르게 오가다가 골대에 빨려 들어가는 모습은 많은 이를 흥분시키는 장면입니다. 그 빠른 속도 때문에 착각하기 쉽지만 사실 축구공은 완벽하게 둥근 물건이 아니에요. 보통 정육면체나 정오면체 32조각을 오려 붙여 만듭니다. 이 작은 조각들을 꿰매어 최대한 굴러가기 쉬운 구(球)에 가까운 모양을 만드는 것이지요. 이 동그란 축구공은 대체로 기계로 만들지만, 최상급은 사람의 손으로 꿰매어 만든 수제(手製) 축구공입니다.

최상급 수제 축구공을 만드는 곳으로 유명한 지역이 있었어요. 파키스탄의 한 지역, 펀자브예요. 이곳에는 시알콧이라는 동네가 있습니다. 세계적인 기업 나이키의 축구공 공장이 있던 지역이기도 하죠. 이 시알콧이 신문 기사에 오르내리던 시절이 있었어요.

1996년 3월, 이 지역에 살던 한 소년의 모습이 미국의 시사 주간지 《라이프》의 지면을 장식했습니다. 기사에는 다음과 같은 문구가 함께 실렸어요.

"미국 아이들이 축구를 하며 골을 넣기 위해 운동장에서 뛰어놀고 있을 때, 파키스탄의 11살 소년은 생존을 위해 시간당 6센트의 임금을 받고 축구공을 꿰매고 있다."

사진 속 인물은 파키스탄의 12살 소년 타리크였습니다. 그는 나이키 로고가 새겨진 축구공을 맨손으로 꿰매고 있었습니다. 언론은 이 소년이 하루 종일 축구공을 만들며 받는 돈이 미국 돈 60센트(한국 돈으로 약 780원)에 불과하다는 사실을 폭로했어요. 당시 나이

파키스탄의 어린이 노동자

산업혁명 당시의 어린이 노동자

키 운동화 한 켤레의 가격이 130달러였는데, 축구공을 만드는 소년의 하루 수입은 그것의 20분의 1이 채 안 되는 수준이었던 겁니다.

왜 어린이에게 일을 시켰을까요? 산업혁명 때 어린이를 착취하던 이유와 비슷해요. 성인보다 훨씬 낮은 임금으로 장시간 일을 시킬 수 있기 때문입니다. 산업혁명이 일어난 18세기에는 4세부터 10시간 이상씩 기계에 묶여 일하는 어린이들이 있었어요. 다행히도 얼마 지나지 않아 어린이는 어린이답게 교육을 받고 놀면서 자라야 한다는 생각이 널리 퍼졌고, 오랜 기간의 노동 운동과 법 개정을 통해 대다수 국가에서 어린이의 노동을 금지하는 법이 만들어졌습니다.

그렇지만 아동 노동 금지 조항은 몇몇 지역의 아동에게는 여전히 머나먼 일입니다. 최상급 축구공을 만들기 위해 32조각 천을 꿰매는 노동자들은 타리크처럼 일에 비해 적은 돈을 받습니다. 임금이 적어 집안의 어린이까지 일을 해야 생활이 가능하다고 합니다. 《라이프》의 기사를 계기로 이런 사실이 크게 알려졌어요. 더불어 나이키의 아동 착취는 사회적 문제로 떠올랐습니다. 시민 단체의 고발도 이어졌어요. 나이키가 하청을 맡긴 공장 노동자 다수가 미성년자이고, 하루에 2달러 이하 임금을 받으며 일하고 있다는 이야기가 세계 곳곳에 퍼졌습니다.

이 보도로 나이키는 언론과 소비자의 뭇매를 제대로 맞았습니다. 미국 전역에서 아동의 노동력을 착취하는 나이키의 제품을 사지 않겠다는 불매 운동이 일어났습니다. 기사에 보도된 시알콧 지역에서 생산한 축구공을 사지 않겠다는 움직임도 일었어요. 반(反)나이키 운동으로 나이키의 주식 가격은 반 토막이 났고, 매출도 적자를 기록했죠.

구석에 몰린 나이키는 아동노동을 끊겠다는 선언을 했습니다. 하청 업체 중 아동노동을 하지 않고 노동자를 공정하게 대하는 곳과 거래하겠다고 선언한 거죠. 이 선언을 지키기 위해 신발 공장 노동자의 연령도 18세 이상으로 제한했습니다. 2020년에는 어린이가 스포츠 활동에 참여할 수 있도록 돕거나 인종차별 철폐를 돕는 단체에 돈을 지원하겠다는 발표를 했습니다. 기사와 사진이 불러온 나비효과가 대기업의 행동을 변화시킨 것이죠.

나이키의 행동 개선으로 해피엔딩이 온 걸까요? 그렇다고 단언할 수 없어요. 이런 움직임으로 글로벌 기업의 의식이 개선된 건 사실이지만, 여전히 세계 곳곳에는 가혹한 노동 환경이 남아 있습니다.

우리의 신발을 만드는 손

아동 착취는 축구공 공장에서만 일어난 일이 아닙니다. 축구공 공장 못지않게 앞서 말했던 신발 공장 환경도 열악해요. 신발을 만드는 과정은 여러 부분으로 나뉘어 있어요. 사람의 손으로 해야 하는, 섬세한 공정이 많습니다. 발등을 덮는 가죽이나 천, 신발 밑창, 신발 끈이 각기 다른 나라에서 만들어져 이동하고, 또 다른 나라에서 조립되어 완성품이 만들어져요. 또 운동화의 작은 부분들은 임금이 저렴한 국가에서 만들어지죠. 앞서 말한 파키스탄 등 몇몇 나라에서는 성인이 일하고 받는 돈만으로는 가족의 생계유지가 어려워 어린이들이 학교에 가지 않고 집에서 신발을 만들고는 합니다.

생산 과정이나 노동조건만 가혹한 게 아니에요. 어린이들은 신발을 만들면서 위험에 처하기도 합니다. 1997년 나이키의 베트남 공장에서 발암물질인 톨루엔이 나왔습니다. 당시 기사에 따르면 법적으로 허용된 양보다 최소 6배에서 177배 많은 양이 검출되었다고 해요. 톨루엔은 화학제품을 만들 때 사용하는 화합물로 오랫동안 이 물질에 노출되면 두통이나 어지럼증, 기억력 장애를 일으킨다고 해요. 그런데 매월 40만 켤레의 운동화를 만드는 이 회사에서 엄청난 양의 톨루엔에 노동자들을 노출시킨 겁니다. 안전하게 보호받아야 할 미성년자들이 독성 물질을 들이마시면서 신발을 만들었던 것이에요.

이뿐만이 아니에요. 코로나19가 전 세계적으로 대유행하면서 개발도상국의 열악한 노동 환경은 이전보다 더 나빠졌습니다. 전염병의 유행과 사회적 거리두기 등으로 사람들의 외출이 줄어드니 신발 판매량이 줄고, 세계 각국의 봉쇄로 생산과 수출, 수입이 가로막힌 상태가 이어졌어요. 기업의 물건이 팔리지 않으니 노동자 수만 명이 일자리를 잃었습니다.

어떻게든 생활비를 벌어야 하는 상황에서, 해고되지 않은 노동자들은 전보다 열악해진 환경을 견뎌 내야 했습니다. 공장에서 일을 하지 못하니 집에서 신발을 만들어 공장으로 옮기는 재택근무도 늘어났어요. 튀르키예에서는 본국의 노동자들이 하지 않는 제화 공장에서의 일을 시리아 난민들이 합니다. 튀르키예 신발 공장에서 시리아 아동은 한 달에 150~200튀르키예 리라를 받으며 일을 하지요. 한국 돈으로 만 원 정도입니다. 시리아 난민 아동은 대부분 여섯 살부터 일을 시작하고, 오전 8시부터 오후 10시까지 일을 한다는 비극적인 이야기도 들려옵니다. 아이들은 날카로운 도구를 만지고 불이 붙을 수 있는 위험 물질인 접착제를 손에 묻혀 가며 신발을 만듭니다.

자본주의는 생산자가 대량으로 상품을 만들어 시장에 공급하고, 소비자가 이를 구매하는 과정을 통해 자원이 분배되는 경제 시스템이에요. 톱니바퀴가 맞물려 돌아가듯 생산과 소비가 원활하게 이루어져야 제대로 운영되는 특징이 있어요. 이런 상황에서 어느 정도의 소비는 꼭 필요한 과정이지만, 이 생산과 소비는 다른 사람의 노동력을 착취해서 만들어졌을 수 있어요.

외출하기 전 한 번쯤 운동화의 안쪽에 붙어 있는 제조국 표시를 자세히 들여다보세요. Made in china, Made in Indonesia와 같은 글귀가 자리 잡고 있지는 않나요? 그 짧은 글귀 안에 머나먼 곳에 있는 노동자의 땀과 눈물이 숨어 있음을 이따금 기억해 보는 것은 어떨까요? 사람들이 많이 신는 유명하고 비싼 운동화라면 무조건 좋은 운동화일까? 질문을 던져 보는 것도 좋을 거예요.

공정 무역으로 만드는 '쿨'한 운동화, 베자

　최근에는 가난한 국가의 사람들이 정당한 대가를 받지 못하고 낮은 임금으로 일하는 걸 막기 위해 새로운 방식으로 재료를 사고 물건을 만드는 기업이 있다. 프랑스의 운동화 회사 베자(Veza)는 정당한 대가를 치르며 상품을 만든다. 이 회사는 신발 밑창을 만들기 위해 대형 농장이 아닌 아마존에 사는 거주민에게 정당한 값을 치르고 야생 고무를 사들인다. 덕분에 거주민은 제대로 된 수입을 얻는다. 이 수입 덕에 거주민들은 농사를 짓기 위해 숲을 태우지 않게 되었다. 베자가 제대로 값을 치른 덕에 숲까지 지키게 된 것이다. 그뿐 아니라 베자는 농약이나 제초제 없이 재배하는 유기농 면화를 쓰기도 하고, 재생 플라스틱으로 신발을 만들기도 한다. 또 브라질 남부 신발 공장 직원들이 노동조합에 가입할 수 있게 하고, 제대로 된 임금을 주려 노력한다.

　이렇게 공정 무역의 기준을 지키고 환경까지 생각하다 보니 베자가 신발의 원료를 구매하는 가격은 타 회사의 2배 이상이다. 그 대신 베자는 광고비를 줄이기로 결정했다. 다른 회사가 예산의 70퍼센트를 광고비로 쓰는 것과 대조적인 모습이다. 덕분에 베자의 신발 가격은 다른 브랜드 신발 가격과 큰 차이가 나지 않는다. 친환경과 공정 무역을 행하는 기업의 이미지가 널리 알려지면서, 자연스럽게 홍보와 광고가 이루어지고 있다.

베자처럼 개발도상국의 생산자와 노동자가 만든 물건을 공정한 가격에 거래하면서 그들의 경제적 자립을 돕는 무역을 공정 무역이라고 한다. 잘 찾아보면 초콜릿이나 커피 등 공정 무역을 통해 거래되는 상품이 많다. 베자는 개발도상국의 노동자들을 낮은 임금으로 착취하지 않아도 새로운 방식의 생산과 판매가 가능하다는 것을 보여 주고 있다.

나는 소비한다, 고로 존재한다?
21세기 호모 컨슈머리쿠스 보고서

블랙 프라이데이는 미국의 추수감사절(11월 4번째 목요일)부터 크리스마스까지 이어지는 연말 쇼핑 기간이다. 여러 기업이 큰 폭의 할인을 하기 때문에 미국의 소비자는 이때 쇼핑몰에 들러 원하는 물건을 마음껏 구매한다. 다른 나라에서도 블랙 프라이데이는 중요한 세일 기간이다. 아마존 등 온라인 쇼핑몰을 통해 미국인이 아니어도 물건을 구매할 수 있기 때문이다. 블랙 프라이데이는 소비자가 물건을 저렴하게 살 수 있는 기회다. 그러나 이때 저렴한 가격으로 많은 물건을 사들여도 곧 다시 또 다른 물건을 사고 싶은 욕망이 샘솟는다. 어째서 우리는 더 많은 물건을 원하는 세상에 살게 된 걸까? 소비 주의라는 단어에 그 답이 있다.

소비 주의는 재화를 소유하고 소비하는 걸 최고의 가치로 여기는 태도를 말한다. 소비 주의의 영향력 아래에서 사람들은 소비를 통해 내 욕망을 실현하고 삶의 의미를 찾을 수 있다고 믿는다. 소비 주의가 지배하는 세상에서는 광고가 새로운 수요나 욕망을 만들도록 부채질한다. 광고는 이 물건을 지금 당장 갖지 않으면 당신의 삶이 실패할 것이라 외치고, 때로는 이 상품이 당신을 새로운 인간으로 만들 것이라 속삭인다. 이런 상황에서 사람들은 생각하는 인간 호모 사피엔스(Homo Sapiens) 대신 마트 또는 온라인 장바구니에 물건을 담으며 살아가는 호모 컨슈머리쿠스(Homo Consumericus, 소비하는 인간)가 된다.

과거와 다른 삶의 모습이 소비 주의를 이끌기도 한다. 산업화 이전에는 한 사람이 하나의 상품을 직접 생산하는 일이 많았다. 가령 산업화 이전 도자기를 만들던 도공은 모든 생산 과정에 참여하고, 오롯이 자신의 노력으로 물건을 만들었다. 그러나 공장에서 상품을 대량 생산할 수 있는 시대가 되면서 사람들은 분업을 하게 되었다. 예를 들어 자동차 공장의 노동자들은 자동차가 만들어지는 과정의 일부분이 되어 한 가지 작업을 끊임없이 반복한다. 덕분에 더 적은 시간에 더 많은 상품을 만들 수 있게 되었지만, 개인에게는 의미 없는 활동이 이어진다. 반복적인 업무만을 하며 기계의 부속품처럼 소외되기도 한다.

생산 과정에서 삶의 의미를 찾지 못하는 사람들은 이제 소비 활동에서 삶의 의미를 찾게 되었다. 내가 살고 있는 집, 입고 있는 옷이나 신발, 해외여행 경험이 개인의 정체성을 결정짓기도 한다.

소비가 정말로 행복을 가져올까? 철학자 에리히 프롬(Erich Fromm)은 『소유냐 존재냐』(까치글방, 2020년)라는 책에서 소유에 집착하면 행복보다 불행에 가까워질 수 있다고 경고한다. 물질을 소유하면 일시적인 만족감을 누릴 수 있지만, 물건으로 텅 빈 자아를 채울 수는 없다. 결과적으로 밑 빠진 독에 물을 붓듯 허기진 마음만 더할 수 있다. 심지어 물건을 끊임없이 사고 버리는 행위는 자원을 낭비하고 자연을 파괴한다. 저렴한 물건을 만들어 더 많이 팔기 위해, 다국적 기업은 낮은 임금을 지불하며 개발도상국 사람들의 노동력까지 착취한다.

이런 소비 주의의 문제점에 반대하며 만들어진 기념일이 있다. '아무 것도 사지 않는 날'이라는 국제 기념일이다. 이날 사람들은 아무 것도 사지 않고 자신의 신용카드를 자른다. 아무 것도 담지 않고 마트를 구경한다. 소비 주의와 '아무 것도 사지 않는 날' 이야기는 우리의 소비 습관을 돌아보게 만든다. 단지 저렴하거나 근사해 보인다는 이유로, 기분이 좋지 않다는 이유로 불필요한 물건을 구매하고 있는 건 아닐까? 이런 질문을 던지는 것만으로도 새로운 소비 습관을 만들 수 있다.

2

신발, 내가 누구인지 말하는 존재

ID CARD

Cinderella
ID: 534687

Cinderella

International Princess Association

신데렐라는 왜 하필

구두를 흘리고 갔을까?

"좋은 신발은 좋은 곳으로 데려가 준다."

한 유명 디자이너가 던진 명언입니다. 드라마나 만화에 몇 번씩 인용된 말이기도 하지요. 이 문구대로 멋진 신발은 주인을 멋진 길로 이끌어 줄까요? 영화 〈오즈의 마법사〉 속 도로시의 구두를 그 예로 들 수 있을지 몰라요. 착한 마녀가 건네준 도로시의 구두는 마법의 신발이라, 도로시가 뒤꿈치를 세 번 맞부딪치면 원하는 곳 어디로든 갈 수 있습니다.

그렇지만 좋은 신발로 인생을 바꾼 대표적인 사람을 고르라면 역시 신데렐라를 빼놓을 수 없을 거예요. 신데렐라는 독일어로 '재투성이' 또는 '부엌데기'라는 뜻을 지닌 이름입니다. 신데렐라는 일찍이 어머니를 여의고 못된 새어머니와 새언니들 사이에서 온갖 구박을 받으며 고생합니다. 왕자님이 주최하는 무도회에도 마음대로 갈 수 없는 처지였지만, 요정의 도움으로 화려한 드레스와 유리구두를 신고 파티에 참석해요. 왕자님과 즐겁게 춤을 추던 신데렐라는 요정과 약속한 자정이 되자 왕자를 두고 황급히 떠납니다. 자리를 떠나며 신데렐라가 흘리고 간 건 자그마한 구두였어요. 왕자가 이 구두의 주인을 찾아내면서 신데렐라는 부엌 아궁이 옆을 지키던 재투성이에서 화려한 옷과 구두를 신은 존재로 변신하지요.

온갖 구박과 고생 끝에 착한 아가씨가 멋진 사람을 만나 사랑과 행복을 이룬다는 이야기. 오랫동안 입에서 입으로 전해져 오던 이 설화는 17세기 프랑스 동화작가 샤를 페로의 동화집에 수록되며 더욱 유명해졌어요. 동화답게 이야기의 끝은 해피엔딩입니다. 이 착한 아가씨를 행복한 결말로 이끈 건 한 짝의 구두예요.

사실 계모의 구박을 받다가 신발 덕분에 삶이 변한 착한 아가씨 이야기는 전 세계 곳곳에 있어요. 우리나라에도 콩쥐팥쥐 이야기가 있지요. 콩쥐 또한 새엄마와 이복동생 팥쥐의 구박을 받다가 냇가에 떨어트린 꽃신 덕분에 사또의 아내가 됩니다. 우리나라뿐 아니라 고대 이집트, 중국, 베트남, 중동에도 비슷한 이야기가 존재합니다.

이런 이야기를 듣다 보면 궁금증이 생겨요. 주인공의 인생을 바꾸는 수단이 왜 하필 구두인 걸까요? 가령 신데렐라가 아름다운 귀걸이 중 한 짝을, 또는 손가락에 꼭 들어맞는 반지를 무도회장에 흘리고 갔더라도 이야기는 무리 없이 진행되지 않았을까요? 그런데 이 착한 아가씨가 흘리고 간 것은 구두였습니다. 왜 하필 신발이었던 걸까요?

신데렐라 구두에 담긴 비밀

우리가 알고 있는 신데렐라 이야기는 아름답고 평화로운 장면으로 이어진 동화입니다. 샤를 페로의 이야기에 디즈니가 몇몇 이야기를 덧대기도 했지요. 그러나 이 아름다운 신데렐라 이야기는 비판을 받기도 해요. '온갖 구박에도 착하고 고분고분하게 살면 복을 받는다는 논리로 순종적인 여성상을 강요한다'고 읽을 수도 있으니까요. 현실에 순응하면 신분 상승을 이룰 수 있다는 틀에 박힌 교훈으로 읽히기도 하지요. 누군가는 신데렐라 동화 속 구두를, 신분을 상승시키고자 하는 열망이나 아름다움의 상징으로 느낄 수도 있어요.

그렇지만 신데렐라 이야기가 하나의 형태만 있던 것은 아니에요. 샤를 페로가 동화집에 수록하기 이전, 다른 형식의 신데렐라 이야기에는 더 풍부하고 다양한 의미가 담겨 있어요. 특히 그림 형제

장앙투안 로랑의 그림 〈신데렐라〉(1818년, 캔버스에 유채)

가 만든 신데렐라 이야기는 우리가 알고 있는 이야기와 조금 다른데, 이 이야기 속 신데렐라를 구하는 건 요정이 아니라 신데렐라가 어머니의 무덤 위에 심은 개암나무였어요. 언니들이 아버지에게 값비싼 보석과 옷을 요구할 때 신데렐라는 자연의 선물을 달라고 요청했는데, 그때 얻은 것이 바로 개암나무 씨앗이었습니다. 이 개암나무는 사실 마법을 지닌 존재였어요. 신데렐라가 무도회에 갈 때 마법을 부려 황금 신발을 건네주지요.

왕자가 전국의 처녀 중 신데렐라가 무도회장에 흘린 신발이 맞는 사람을 왕비로 삼겠다고 선포한 뒤의 이야기도 다릅니다. 신데렐라의 발은 무척 작았고, 계모는 자신의 친딸을 왕비로 만들기 위해 작은 구두에 맞게 "발가락을 자르라"고 명령합니다. 큰 딸은 자신의 발가락을 잘라내고 구두를 신은 채 신데렐라 행세를 하며 왕자를 속이려 했지만, 신데렐라의 수호천사인 흰 비둘기 두 마리가 이 사실을 왕자에게 폭로하면서 새엄마와 새언니의 계략은 실패로 돌아가요. 결국 신데렐라가 신발의 원래 주인임이 밝혀지면서 우리가 아는 이야기의 결말처럼 해피엔딩으로 끝나지요.

이 그림 형제의 신데렐라 이야기를 살펴보면 신데렐라의 유난히 작은 구두가 무척 중요한 역할을 했다는 걸 깨닫게 됩니다. 몇몇 이야기 속 신데렐라는 엄마가 죽고 못된 새엄마와 의붓 언니가 들어오고 나서부터 자신이 가지고 있던 걸 잃어요. 좋은 음식과 좋은 옷, 제대로 된 보금자리, 엄마의 사랑마저 잃죠. 그래도 신데렐라는 마음 한 편에 자신의 진짜 모습을 간직하고 있었어요. 새언니가 억지로 신데렐라 행세를 하려 했지만 구두 때문에 거짓이 들통나는 장면은 신데렐라의 뚜렷한 정체성을 증명하는 장면이에요.

신데렐라 이야기 속에서 유리 구두는 '나'와 '내가 아닌 사람'을 구분하는 도구입니다. 다르게 말하면 내가 어떤 사람인지 증명하는 중요한 도구예요. 내 진짜 모습을 담은 증명서나 신분증과 비슷한 것이죠. 그렇기에 왕자가 신데렐라를 찾았을 때, 재투성이에 허름한 옷을 입고 허드렛일을 하던 소녀 신데렐라는 구두를 신음으로써 변하지 않는 자기 자신을 증명한 것이에요. 신발은 발에 꼭 맞아야 편안하게 걸을 수 있다는 특징이 있어요. 다른 장신구는 몸에 꼭 맞지 않아도 대충 걸칠 수 있지만, 신발은 다릅니다. 발에 꼭 들어맞아야 발을 다치지 않을 수 있죠. 이야기 속 다른 사람이 주인공의 신발을 신으면 제 기능을 하지 못하는 이유도 같은 맥락이에요. 오즈의 마법사 속 도로시도 신데렐라도, 딱 맞는 신발을 신었기에 놀라운 이야기를 펼칠 수 있었어요. 이런 면에서 신발은 그 사람을 진정으로 증명하는 도구이자 이야기를 한 걸음 더 나아가게 하는 장치예요.

샌들의 조상이 된 신발 한 짝의 사나이, 이아손

신데렐라뿐 아니라 신발 한 짝으로 자신의 정체를 깨닫는 인물이 또 있습니다. 그리스 신화에 등장하는 영웅, 이올코스의 왕 이아손입니다. 그는 옛 그리스에 위치한 이올코스라는 나라의 왕자였어요. 이아손의 아버지였던 이올코스의 왕은 나이가 많아서 더 이상 왕위를 지키기 어려운 상황이었습니다. 그는 결국 호시탐탐 왕위를 노리던 이복동생 펠리아스에게 왕위를 빼앗기고, 어린 아들 이아손을 멀리 떨어진 펠리온 산으로 보내요. 이아손은 그곳에서 몸 위쪽은 인간이고, 아래쪽은 황소인 켄타우로스족 케이론에게 교육받으며 자랍니다.

어느덧 시간이 흘러 성인이 된 이아손은 자신의 나라를 되찾기 위해 산에서 내려가 아버지의 나라 이올코스를 찾아갑니다. 이올코스로 가는 도중 아나우로스라는 이름의 강을 건너야 했어요. 물살이 워낙 세서 강을 건너지 못한 노파를 만난 이아손은 노파를 등에 업고 강을 건넜지요. 이 때 거센 물살에 이아손의 신발 한 짝이 사라집니다. 게다가 어찌된 영문인지 강을 건너자마자 등에 업혀 있던 노파 역시 온데간데없이 사라졌어요.

신발 한 짝만 신게 된 이아손은 이올코스로 향하다가 이상한 노래를 듣게 됩니다.

"모노샌달로스(Monosandalos)가 산에서 내려와 이올코스의 왕이 된다네."

노래 속 모노샌달로스는 무얼 의미할까요. 제법 긴 단어지만 단어를 쪼개보면 비교적 쉽게 이해할 수 있습니다. 모노는 하나를 뜻하고, 샌달로스는 가죽신을 의미해요. 즉 모노샌달로스는 가죽신을 한 짝만 신은 자, 당시의 이아손을 뜻하는 말이었습니다. 누군가가 퍼트린 이 노래 덕분에 사람들은 왕이 될 이아손을 알아보게 되고, 덕분에 이아손은 이올코스를 되찾게 됩니다. 이 신화 속 '모노샌달로스'란 단어 가운데에 들어가는 샌달(Sandal)이라는 말은 우리가 신는 발등을 드러내는 신발, 샌들이라는 단어의 기원이 되었지요.

신화학자이자 번역가인 이윤기는 『이윤기의 그리스 로마 신화』(웅진지식하우스, 2020년)에서 그리스 신화 속 이아손과 신데렐라의 공통점을 이야기합니다. 두 사람 모두 한 쪽 신발을 잃어버렸고, 그 잃어버린 신발 한 짝 덕분에 자신의 정체성을 찾게 되었다는 것이지요. 여기에서 정체성은 '나'와 '내가 아닌 사람'을 구분할 수 있는 성질을 말합니다. 긴 시간 동안 변하지 않고 일정하게 유지되는 나만의 특별함 말이에요.

인간은 나이를 먹어 가며 끊임없이 겉모습이 변하고 주어진 역할도 달라집니다. 학생이었다가 직장인이 되기도 하고, 누군가의 자녀였다가 부모가 되기도 하지요. '당신은 누구입니까?'라는 질문에 우리는 내 이름이나 역할, 나를 둘러싼 조건으로 자신을 설명하고는 합니다.

그렇지만 외부 조건만으로 진정한 나를 설명할 수 있을까요? 학생이나 직장인 같은 이름과 '진짜 나'는 다를 수 있어요. 나에게 중요한 일이 무엇이고 의미 있는 일이 무엇인지 이해할 때 비로소 알 수 있는 것이 바로 정체성입니다. 신데렐라에게는 재투성이가 아닌 '귀중한 가치를 지닌 사람', 이아손에게는 '왕이 될 사람'이라는 정체성이 존재했어요. 그 정체성을 찾아가는 데 결정적인 역할을 한 것이 잃어버린 신발 한 짝이었습니다.

두 이야기를 보면, 어쩌면 모든 사람은 잃어버린 신발 한 짝을 찾아가는 존재라는 생각도 듭니다. 내 정체가 무엇인지 끊임없이 찾아가며 인생길을 걸어가는 존재 말이지요.

〈오즈의 마법사〉 속 마법의 신발, 원래 은으로 만든 구두였다?

뒤꿈치를 세 번 맞부딪히면 어디든 데려다 주는 빨간 구두. 1939년에 개봉한 영화 〈오즈의 마법사〉 속 도로시가 신는 신발이다. 사실 이 영화는 1896년 미국의 작가 프랭크 바움의 원작 동화를 바탕으로 만들어졌다. 동화 속 도로시 역시 영화 내용처럼 돌풍에 휩쓸려 오즈라는 상상의 나라에 도착하고, 고향에 돌아가기 위해 친구들과 함께 모험을 한다. 다만 영화 내용과 다른 점이 있다면, 동화 속 도로시가 신은 것은 빨간 루비 구두가 아닌 은으로 만든 구두다.

이 은 구두에 관한 색다른 해석이 존재한다. 바움이 〈오즈의 마법사〉로 당시 미국 화폐제도의 문제점을 풍자하려 했다는 것이다. 당시 미국에서는 국가 은행에서 금을 소유하고, 그 양에 비례해 종이돈을 찍어 내는 화폐제도가 실시되고 있었다. 당시에는 지폐를 가지고 은행에 가면 정해진 비율만큼 금으로 교환해 주었다. 달러가 단순한 종이 돈이 아니라, 금으로 교환할 수 있는 일종의 보증서였던 셈이다.

그러나 이 화폐제도에는 문제점이 있었다. 광산에서 캐낸 금의 양이 많지 않아 미국 국민이 사용할 수 있는 지폐가 충분하지 않았다. 국가 은행이 가진 금과 같은 값어치의 돈만이 시장에 유통되었기 때문이다. 결과적으로 돈은 귀한 가치를 지녔으나 화폐시장은 지금처럼 활성화되지 않았다. 돈이 귀한 탓에 돈으로 살 수 있는 물건의 가치도 높지 않았다. 돈을 많이 가진 부자들은 많은 물건을 살 수 있었지만, 서민이나 농부들은 아무리 상품이나 곡식을 생산해도 벌 수 있는 돈이 적어 어려운 생활을 면치 못했다.

이를 해결하기 위해 몇몇 정치인이 금이 아닌 은을 기준으로 새롭게 지폐를 찍어 내자고 말했다. 그러면 돈의 가치도 안정되고 가난한 이들도 충분히 돈을 가질 수 있다는 주장이었다. 이런 맥락에서 〈오즈의 마법사〉 속 이야기를 해석하는 이들이 있었다. 동화의 주인공 도로시는 화폐 부족으로 고통 받는 서민이고, 은 구두를 세 번 맞부딪히면 원하는 곳에 간다는 설정은 은을 기준으로 화폐를 발행하는 방법을 뜻한다는 것이다.

도로시의 구두가 집으로 돌아가는 행복한 결말을 가져왔듯 미국의 화폐제도에도 편안한 날이 왔을까? 안타깝게도 은을 바탕으로 화폐제도를 실시하자고 주장한 정치인들은 정치권력을 잡지 못했고, 서민의 고통은 이어졌다. 그러다 엉뚱한 방향에서 해결책이 날아왔다. 남아메리카에서 금광이 발견되면서 금이 늘어났고, 덕분에 화폐가 부족한 현상이 해결되었다.

한 사람이 걸어온 길을

보여주는 발자국

　이력서(履歷書)는 대학 입학이나 회사 취업 전에 반드시 작성해야 하는 서류입니다. 자신의 개인 정보나 학력, 경력 등을 적은 문서죠. 보통 나를 소개하는 문서인 이력서와 각종 증명 서류를 낸 뒤, 서류 과정을 통과해야 비로소 면접을 볼 수 있습니다.

　이력서라는 단어 속에는 '발'에 관련된 이야기가 들어 있어요. 이력서의 첫 글자 '이(履)'는 신발 또는 발걸음을 뜻하는 한자입니다. 역(歷)은 역사라는 단어에 들어가는 글자로 '지나온 자리'라는 의미를 품고 있습니다. 그러니까 자세히 살펴보면 '이력'은 어떤 학교를 나왔느냐, 무엇을 공부했느냐, 어떤 스펙을 가졌느냐를 뜻할 수도 있겠지만, 다르게 보면 한 개인이 어떤 발걸음으로 인생길을 걸어왔느냐를 의미하는 말입니다. 다른 언어에서도 비슷한 표현을 살펴 볼 수 있어요. 이력서(Curriculum Vitae)를 라틴어로 표현하면 '자기 삶의 과정'을 뜻한다고 해요. 이렇게 보면 이력서는 개인이 걸어온 삶의 발자취와 역사를 의미한다고 볼 수도 있습니다.

이력서를 떠올리면 글자를 새긴 종이가 떠오르지만, 신발 역시 이력서가 될 수 있습니다. 신발은 한 사람이 살아온 발자취를 증명하니까요. 아래 그림인 고흐의 1886년작 〈구두〉는 신발이 지나온 시간의 이력임을 여실히 보여줍니다.

작품 속 구두는 신발 가게에서 볼 수 있는 새 신발이 아니에요. 구두끈이 느슨하게 풀려 있고 구두 목이 흐물흐물해진 낡은 신발

반 고흐의 그림 〈구두〉(1886, 캔버스에 유채)

입니다. 누군가 한참 신고 다녀 해진, 오래된 구두라는 걸 짐작할 수 있죠.

고흐는 구두가 그려진 작품을 여러 점 남겼어요. 대다수의 작품 속에는 구두 한 켤레가 우두커니 놓여 있습니다. 고흐는 이 그림들에 대해 별 다른 설명을 남기지 않았어요. 때문에 이 구두 그림을 보고 철학자 사이에 논쟁이 붙은 적도 있습니다.

마르틴 하이데거라는 20세기 철학자는 고흐의 구두 그림을 보고, 신발의 주인이 넓은 밭고랑 사이를 힘들게 헤치고 나아간 농촌 여성일 거라 추측했습니다. 그림 속 구두에 농촌 아낙네의 강렬한 삶의 의지가 담겨 있다는 얘기였죠. 이 주장에 반기를 든 사람도 있었어요. 1968년 미국의 미술사학자인 마이어 샤피로는 구두의 주인이 농촌 아낙이 아니라 반 고흐 자신일 거라 반박했습니다. 파리에는 몽마르트르라는 유명한 언덕이 있습니다. 고흐를 비롯한 많은 예술가가 모여 그림을 그리거나 이야기를 나누던 공간이었지요. 샤피로는 이 언덕을 밟으며 예술 활동을 하던 고흐가 자신의 신발을 그렸을 것이라 주장했습니다.

그림 속 구두의 주인은 누구일까요? 고흐가 살아 돌아와 이야기할 수는 없으니 정답은 여전히 수수께끼로 남아 있습니다. 그렇지만 그림을 잘 들여다보면 한 가지 사실 정도는 짐작할 수 있습니다. 구두의 주인이 고단한 발걸음을 옮기며 인생을 살아갔으리라는 사실이지요. 누군가의 시중을 받는 신분 높은 사람이 주인이라면 구두는 늘 깨끗하게 닦여 반들반들 윤이 났을 겁니다. 그러나 그림 속 구두는 흙먼지를 뒤집어쓰고 해진 상태입니다. 더군다나 고흐는 가난하지만 소박하게 살아가는 서민의 삶을 화폭에 많이 담던 화가였습니다. 이 사실을 바탕으로 생각해보면 고흐의 그림 속 구두의 주인이 귀족이나 부자였을 것 같지는 않습니다. 평범하지만 묵묵하게 자신의 삶을 이어가던 사람이었으리라 추측되지요.

나만의 걸음을 걷는 방법

혹시 고흐의 구두 그림을 보다가 '나의 신발은 어떤 역사를 담고 있을까?'하는 궁금증이 솟지 않았나요? 여러분은 어떤 발자국을 남기고 싶나요?

취업에 유리한 이력서를 어떻게 쓰는지보다, 삶의 발자국을 어떤 식으로 남길지 고민하던 청년들이 있었습니다. 바로 요안나 슈테판스카와 볼프강 하펜마이어요라는 스위스 청년들이에요. 두 사람 모두 명문대를 졸업하고 각각 최고의 기업이라 불리는 마이크로소프트와 베인앤컴퍼니에 근무하던 젊은이였습니다. 어느 날 두 사람은 진지한 고민 끝에 직장을 그만두고 1년간의 세계 여행을 시작합니다. 자신들의 세상과 미래를 향한 고민이, 지금 하고 있는 일과 너무나 멀다고 느꼈기 때문입니다. 이들은 1년 동안 세계 곳곳으로 발걸음을 옮기면서 자신의 삶을 주도적으로 살아가는 230여 명을 만나 인터뷰했고, 이 중 23명의 이야기를 추려 『가슴 뛰는 삶의 이력서로 다시 써라』(바다출판사, 2017년)라는 책을 썼습니다.

책 속에 등장하는 사람은 엄청난 부자나 커다란 명예를 거머쥔 인물이 아닙니다. 빈민가의 쓰레기 처리 시스템을 바꿔 가난한 이들에게 일자리를 준 페루의 여성, 인도의 가난한 이들에게 안과 수술을 해주고 있는 여든 살 의사, 아프리카에서 고아원을 운영하고 있는 독일 청년 등 다양한 분야에서 자신의 일에 충실한 이들을 소개하고 있죠.

이들에게는 공통점이 하나 있습니다. 물질적 성공을 추구하지 않았다는 점이에요. 세상이 정한 삶의 쓰임새나 목적을 그대로 따라가지도 않았지요. 이들은 삶의 의미를 스스로 찾아갔습니다. 또 이들은 다른 사람의 삶에도 책임감을 느끼며 살아가고 있었습니다.

철학자 장 폴 사르트르는 이처럼 스스로 삶을 선택하고 행동하며, 책임지면서 존재 이유를 찾아가는 것이 인간의 특징이라고 이야기했습니다. 예를 들어 의자는 사람이 앉기 위한 목적으로 만들어지죠. 이 목적에 걸맞게 쓰이면 제 기능을 다하는 겁니다. 그런데 인간은 '인간으로서의 기능을 다하는 것'과 같은 목적 없이, 세상에 자유롭게 내던져진 존재예요. 우리는 살아가면서 이따금 내가 살아가는 목적이나 이유를 '성공'이나 '행복' 같은 것으로 착각하지만, 사르트르는 인간이 존재하는 목적이나 본질 같은 건 존재하지 않는다고 주장합니다.

삶의 방향이나 정해진 길이 따로 없다는 사르트르의 이야기는 혼란스럽게 느껴지기도 합니다. 그렇지만 생각을 달리해 볼 수도 있습니다. 의자처럼 정해진 목적을 위해 존재하는 게 아니니, 우리에게는 자유가 있어요. 누군가가 요구하거나 원하는 대로 따라갈 필요 없이, 마음껏 내 삶을 펼치며 발걸음을 옮길 자유가 우리에게 있습니다.

『가슴 뛰는 삶의 이력서로 다시 써라』속 인물들을 보면 그 자유에 관해 생각하게 돼요. 남들이 이야기하는 성공의 이력서를 빼곡히 채워 가는 것도 그 나름의 의미가 있겠지요. 그러나 새로운 길을 통해 내 삶의 이유를 스스로 찾아가며 가슴 뛰는 나만의 이력서를 쓸 수도 있습니다. 이 과정을 통해 타인의 삶을 바꿀 수도 있지요. 이력서를 채우는 길이 단 하나만이 아니라는 사실은 우리 각자에게 주체적으로 삶을 선택할 자유가 있음을 일깨워 줍니다. 나의 정체성은 다른 누구도 아닌 내가 정하는 것이에요.

어린 왕자는 왜
장미꽃에게 돌아갔을까

생텍쥐페리의 동화 속 어린 왕자는 예쁜 장미꽃과 바오밥나무가 있는 작은 별에서 산다. 어린 왕자는 장미꽃에게 많은 관심을 주었지만 날이 갈수록 장미꽃이 점점 더 많은 바람을 이야기하자 마음이 지쳐 간다. 그러던 와중 자신의 존재에도 의문을 품게 되어, 어린 왕자는 고향을 떠나 다른 별을 여행하기 시작한다. 그는 다양한 별에서 다양한 사람을 만난다. 신하도 없이 혼자서 모든 것을 지배한다는 왕, 한껏 멋을 부리고 박수 받기만을 원하는 사람, 숫자 계산에만 몰두하는 사업가 등 세상에는 어린 왕자의 눈으로 이해하기 어려운 어른이 많았다.

어린 왕자가 만난 사람들은 세상을 살아가는 우리의 모습을 닮았다. 우리 대다수는 세상에 태어난 목적이 정해진 것처럼, 직업이나 업적을 세우는 것, 규칙을 지키는 것이 전부인 양 살아가지만, 어찌 보면 중요하지 않은 것에 매달리고 있는지도 모른다. 마지막으로 지구에서 여우를 만난 어린 왕자는 '길드는 것'에 관한 이야기를 듣고 자신의 행성으로 돌아가기로 마음먹는다. 자신이 사는 이유를 스스로 선택하고 찾아가야 한다는 걸 깨달았기 때문이다. 그는 사랑하는 장미꽃을 돌보며 그 책임을 다하는 것이 자신에게 중요한 일이라는 걸 알게 된다.

〈어린 왕자〉를 위대한 이야기라 극찬한 사람이 있다. 20세기 프랑스를 대표하는 실존주의 철학자 하이데거다. 실존주의란 사람이 살아가는 데 특별한 목적이 있는 게 아니라고 이야기하는 철학이다. 모든 사람에게는 자신의 행위를 선택할 자유가 있다. 진정한 삶은 자유로운 선택으로 이뤄지는데, 〈어린 왕자〉에서와 같이 다른 사람을 스스로 책임지는 것 역시 자유로운 선택이다. 어린 왕자가 장미꽃을 사랑하고 돌보기로 선택했듯 우리도 자유로운 선택을 하고, 새로운 길을 찾아나가며 진짜 나다운 것, 정체성을 찾아가야 한다. 이것이 실존주의 철학의 핵심이다.

하이힐,
원래 남성의 구두였다?

뉴욕에 사는 멋진 커리어 우먼이 주인공인 드라마가 있었어요. 주인공의 근사한 직업, 화려한 패션, 친구들과의 우정 이야기가 시청자의 인기를 끌었지요. 이 드라마의 주인공이 열광했던 물건이 있어요. 바로 구두입니다. 주인공은 길거리를 지나다 쇼윈도에서 근사한 구두를 발견하는 순간 서슴없이 구매해요. 그렇게 구매한, 그녀가 보물처럼 여기는 구두 대부분은 하이힐이었습니다.

높고 뾰족한 뒷굽을 지녀 날렵해 보이는 하이힐은 신체에 마법을 부리는 구두예요. 하이힐을 신으면 높은 굽 덕분에 키가 커 보일 뿐 아니라, 종아리도 날씬해 보이지요. 특유의 구조 때문에 일단 신고 걸으면 무게중심이 바뀌어 자연스럽게 엉덩이를 좌우로 크게 흔들면서 걷게 됩니다. 이런 이유 때문인지 현재 하이힐은 주로 여성의 멋스러움을 강조하는 신발로 자리 잡고 있습니다.

그렇지만 하이힐은 한때 남성 사이에 널리 유행하던 신발이었습니다. 하이힐 유행을 선도한 사람은 17세기의 유명한 남성 군주였어요. "짐이 곧 국가다!"라는 말로 유명한 루이 14세가 그 주인공입니다. 프랑스에서 가장 사치스럽고 화려하다는 베르사유 궁전을 지은 군주로, 국왕의 권력은 신으로부터 부여받았다고 강력히 믿었던 인물입니다. 우주의 행성들이 태양 주위를 공전하며 도는 것처럼 프랑스라는 국가가 자신을 중심으로 돈다며 스스로를 태양왕이라고 부르기도 했죠.

이처럼 위풍당당한 자신감을 마음껏 뽐내던 왕의 모습은 어땠을까요? 1700년경 그려진 루이 14세의 초상화로 그 모습을 엿볼 수 있습니다. 정면을 바라보는 왕의 얼굴이 눈에 띕니다. 온화한 표정을 짓고 있지만, 굳게 다문 입매에서 위풍당당한 자신감을 엿볼 수 있죠. 그가 걸친 화려한 망토는 푸른 담비 털로 만든 것인데요, 왕의 고귀한 신분을 증명하듯 화려한 문양으로 장식되어 있습니다. 손에 쥐고 있는 칼과 왕관 또한 근사한 장식으로 꾸며져 왕의 경제력과 권위를 짐작게 합니다.

그런데 이 초상화에서 왕의 기개 넘치는 모습과 화려한 옷, 장신구만큼 인상적인 건 그의 신발이에요. 루이 14세가 신고 있는 신발은 굽이 달린 하이힐입니다. 붉은색 리본을 장식한 이 구두에는 붉

이아생트 리고, 〈루이 14세 초상〉(1700~1701년, 캔버스에 유채)

은색 굽이 달려 있습니다. 오늘날의 남성화와는 사뭇 다르죠.

하이힐은 약 300년 전에 태양왕이 사랑하던 신발이었습니다. 이를 둘러싼 다양한 소문이 존재해요. 화장실이 따로 없던 베르사유 궁전에서 사람들이 아무데나 용변을 해결했기에 왕이 높은 굽의 신발을 신었다는 주장이 있습니다. 그러나 이것이 실체 없는 소문이라는 주장도 있어요. 과거 베르사유 궁전이 오물과 악취가 진동하는 공간이었다는 이야기가 사실이더라도 그것이 왕이 하이힐을 애용한 이야기의 근거는 아니라는 것입니다. 그렇다면 다른 추측도 가능합니다. 기록에 따르면 루이 14세의 키는 160cm 남짓, 당시 기준으로 작은 키는 아니었지만, 왕의 권위를 세우기 위해서 하이힐을 애용하지 않았을까 하는 짐작도 가능해요.

다양한 추측이 떠돌지만 어찌 됐든 루이 14세는 왕궁과 집안 어디에서든 하이힐을 즐겨 신었습니다. 왕궁에서는 가죽으로 바깥을 감싼 나무 하이힐을 신었고, 활동적으로 움직일 때면 얇은 가죽을 쌓아 올려 굽을 만든 하이힐을 신었지요. 루이 14세가 이처럼 굽이 빨간 하이힐을 즐겨 신자, 얼마 지나지 않아 귀족 사이에도 하이힐이 유행했습니다. 프랑스 궁정에 출입 허가를 받은 사람들은 왕을 따라 빨간 하이힐을 신으며 자신의 특별함을 과시했어요.

지금은 여성성의 상징으로 여겨지는 빨간 하이힐이 태양왕과 남성 귀족들에게 사랑받았다는 사실은 꽤 흥미롭습니다. 놀랍게도 하이힐의 역사를 거슬러 올라가 보면 루이 14세뿐만 아니라 더 많은 남성이 하이힐을 즐겼다는 사실을 알 수 있어요.

이슬람에서 시작된 하이힐의 역사

하이힐을 처음 신은 사람은 누구일까요? 고대 그리스 배우들은 연극을 할 때 밑창이 코르크 재질로 된 코르토르노스(Korthornos)라는 신발을 신었다고 합니다. 연극 속 인물들의 사회적 지위와 중요도를 구분하기 위해 신었던 신발이라고 하지요. 극의 주역일수록 더 높은 신발을 신었다고 합니다. 그렇지만 이는 오늘날의 무대 의상과 비슷하니 일상 속 하이힐이라고 보기는 어려워요. 또 다른 후보로 중세 시대의 초핀(Chopine)이라는 구두가 있습니다.

초핀은 나무나 코르크로 굽을 높게 만든 신발인데, 하이힐과 달리 뒤꿈치를 감싸는 부분이 뻥 뚫려 있습니다. 마치 슬리퍼처럼요. 15세기 베네치아 여성들에게 널리 사랑받았던 이 신발은 굽 높이가 낮게는 15cm, 높게는 60cm에 이를 정도였다고 해요. 굽이 지나치게 높아서 이 신발을 착용한 여성은 걸을 때 다른 사람의 도움을

초핀의 모습

받아야만 했습니다. 누군가가 걸음을 도와야 할 정도로 높은 신발을 굳이 신고 다녔다는 사실이 우스꽝스럽지만, 한편으로는 아무나 신을 수 있는 신발이 아니었다는 이야기이기도 합니다. 옆에서 부축해 주고 시중을 들어 줄 사람이 있을 정도로 신분이 높은 사람만 신었다는 말이니까요. 그렇지만 통굽 슬리퍼에 가까운 모습이었기에 초핀 역시 하이힐의 조상이라 단언하기는 어려워요.

하이힐의 본격적인 조상이라고 할 수 있는 신발은 놀랍게도 유럽이 아니라 지금의 서남아시아, 이슬람 지역에서 찾아볼 수 있습니다. 10세기쯤 이슬람에서 만들어진 그릇에는 하이힐을 신은 남성이 그려져 있습니다. 당시에는 말을 타기 위해 등자라는 물건을 이용했습니다. 이 등자는 말을 탈 때 두 발을 디딜 수 있게 만든, 안장에 달린 발 받침대입니다. 굽이 있는 신발을 신으면 등자에 발을 걸치고 단단히 고정할 수 있으니 훨씬 편리했던 겁니다.

그 후 하이힐은 페르시아와 오스만제국 등 이슬람 전역에 널리 퍼졌어요. 16세기에는 손잡은 적이 별로 없던 이슬람 지역과 서유럽 지역이 교류하면서 하이힐 문화가 유럽까지 널리 퍼졌습니다.

서먹하던 이슬람과 유럽이 교류하게 된 계기는 엉뚱했습니다. 13세기에 오스만 제국이라는 거대한 이슬람 국가가 탄생해 유럽까지 영향을 미친 게 원인이었어요. 오스만 제국은 아시아와 유럽, 아프리카 세 대륙에 걸쳐 커다란 제국을 건설했고, 그 가운데를 잇는

지중해라는 바다까지 장악했어요. 유럽의 국가들은 바닷길이 막혀 무역을 하기 곤란해졌지요. 오스만 제국이 위세를 떨치며 영토를 늘리자 난감했던 건 유럽만이 아니었습니다. 오스만 제국 주변에 있던 다른 이슬람 국가, 페르시아 같은 나라도 불편하긴 마찬가지였어요. 결국 유럽과 페르시아는 오스만 제국을 견제하기 위해 새로운 동지가 되었습니다. 페르시아는 영국과 프랑스 등 유럽에 사절단을 보냈어요. 이 때 유럽 귀족들은 페르시아 사절단의 하이힐을 눈여겨보았습니다. 매력적인 하이힐을 본 유럽 남성들은 이 구두를 빠르게 받아들였지요.

하이힐이 유럽에서 유행하기 시작한 시기는 17세기입니다. 처음에는 유럽 남성도 이슬람 남성처럼 승마를 위해 하이힐을 애용했습니다. 그러다 점차 하이힐이 남자다움의 상징이 되어 갔어요. 앞서 이야기했듯 루이 14세가 굽이 빨간 구두를 자주 신자 남성들 사이 하이힐의 인기는 하늘을 찔렀죠. 물론 여성들도 굽이 있는 힐을 신기는 했지만, '남자들을 흉내 내는' 차원으로 신는 경우가 많았습니다.

그러다 18세기쯤 되면서 변화가 나타났습니다. 17세기 영국에서 애국심을 강조하면서 하이힐을 멀리 하자는 운동이 일었거든요. 나라를 사랑하는 마음과 하이힐이 무슨 관계냐고요? 오랫동안 유럽의 강대국으로 자리매김해 온 영국은, 17세기 이전까지만 해도 앞서 가는 나라가 아니었습니다. 섬나라 영국은 유럽 대륙에서 떨어져 있었고, 프랑스나 이탈리아만큼 독자적인 문화를 제대로 키운 나라도 아니었습니다. 그러다 17세기에 영국에서도 자국의 문화를 지키자는 움직임이 나타났습니다. 겉멋만 든 프랑스 패션을 따르지 말고 허례허식을 버리자는 주장이 순식간에 퍼졌죠. 그 덕에 18세기쯤에는 빨간 하이힐이 나약함과 허영심의 상징이 되었습니다. '남성다움'을 위해서 신발의 굽을 낮춰야 한다는 이야기가 당연하게 받아들여지기 시작했죠.

남성은 이성적 존재, 여성은 허영심 많은 존재?

18세기 유럽에서 펼쳐진 계몽주의와 합리주의도 큰 원인이었어요. 계몽주의란 인간의 힘과 이성을 믿는 사상이에요. 생각하는 힘으로 세상을 발전시킬 수 있다는 내용이지요. 합리주의 역시 이성을 중시하는 사상이었어요. 계몽주의나 합리주의를 따른 사람들은 무지나 미신, 본능, 비합리적인 것들을 멀리하기 시작했습니다. 그 영향으로 유럽에서는 합리성을 강조하는 과학 기술이 발전했어요. 불합리한 제도를 없애자는 생각은 시민혁명으로 이어졌지요.

그런데 이 계몽주의 사상에도 불합리한 면이 있어요. 합리적이고 이성적인 존재를 인류 전체보다는 남성에 한정했거든요. 남성이 여성보다 지혜롭고 똑똑하고 이성적으로 행동한다고 생각하는 사람이 많았어요. 그들은 여성을 나약하고 어리석은 존재로 여겼습니다. 유행을 쫓고 옷이나 복장에 신경 쓰며 허영심을 부리는 존재로 보았죠. 어느새 하이힐 역시 멋을 부리며 허영심을 쫓는 여성의 신발이 되었어요.

프랑스 혁명의 모습을 그린 그림

특히 18세기가 되면서 하이힐과 꽉 끼는 드레스, 코르셋이 여성의 아름다움을 상징하게 되었습니다. 때로는 남성을 유혹하는 여성의 이미지와 하이힐이 얽히기도 했지요. 남성을 유혹하고, 사치스럽게 치장하는 여성의 모습은 가정에서 한 남성만을 바라보며 조신한 생활을 하는 여성의 이미지와 정반대였습니다. 그러나 두 모습 모두 남성을 위한 여성의 이미지라는 점에서 같았어요.

물론 하이힐이 늘 여성의 어리석음이나 허영심을 강조한 건 아니었습니다. 19세기에는 하이힐도 조금 더 생활에 편리한 모습으로 변했어요. 앞서 말한 시민혁명이 사람들의 옷차림을 더 실용적으로 바꿨습니다. 시민혁명은 억압받던 시민들이 왕과 귀족 중심의 신분제 사회를 뒤엎고 새로운 질서를 만든 사건이었습니다. 시민혁명 이후 사람들은 그동안 흥청망청 나라 재정을 낭비했던 왕과 귀족을 비판했어요. 더불어 귀족적인 것, 사치스러운 패션을 멀리하고 실용적인 것을 중요시하는 움직임이 일어났습니다. 그때부터 신발의 굽 높이도 크게 낮아졌지요.

시간이 지나며 하이힐의 이미지도 여러 번 바뀌었어요. 미국에서는 한 때 여성 참정권 운동을 벌였던 이들이 여성의 자유를 외치며 하이힐을 신은 적도 있었습니다. 20세기 중후반에는 여성의 사회 활동이 늘어나면서 전문직 여성, 일하는 여성의 상징으로 하이힐이 사랑받기도 했습니다. 하이힐을 신은 여성이 남성을 위한 이미지로 소비되는 때를 지나, 하이힐이 여성의 자부심과 자존심을 상징하는 시기가 온 거예요.

스틸레토 힐, 아찔한 여성의 이미지는 어디에서 왔을까

'송곳처럼 뾰족한 굽이 달린 구두를 신고 또각또각 소리를 내며 걷는 사람'이라는 말을 들으면 어떤 사람이 상상되나요? 사람마다 상상의 범위가 각기 다르겠지만, 많은 사람이 남성보다는 여성의 모습을 떠올리지 않을까요?

이 뾰족하고 날렵한 굽을 가진 구두의 이름은 '스틸레토 힐'입니다. 하이힐의 한 종류예요. 원래 스틸레토라는 이름은 단검이나 송곳을 뜻하는 이탈리아어입니다. 스틸레토 힐은 1950년에 프랑스 출신의 디자이너 로저 비비에가 만들어 유행을 이끌었습니다.

이렇게 뾰족한 구두가 사랑받은 이유가 있어요. 오랫동안 하이힐의 주재료는 나무였습니다. 하지만 나무는 사람의 체중을 지탱하기에 약했어요. 그래서 나무 굽이 쪼개지는 일이 많았습니다. 이런 불편함을 해결하기 위해 로저 비비에는 강력한 강철을 압축해 가늘고 긴 쇠 굽을 만들었어요. 신은 사람이 균형을 잘 잡도록 굽의 가장 밑바닥만 약간 더 넓게 만들었습니다. 그러자 새롭고 멋스러운 신발이 탄생했습니다. 재료 공학이라는 분야가 발달하면서 스틸레토 힐의 재질도 점차 더 튼튼한 방향으로 변해 갔어요. 그 결과

굽이 가늘고 긴 스틸레토 힐

딱딱한 플라스틱으로 만들어진 힐이 탄생하기도 했죠.

스틸레토 힐이 받은 사랑에 당시의 사회적 분위기도 한몫했습니다. 스틸레토 힐이 만들어진 당시에는 여성이 활발하게 사회에 나가 활동을 시작했어요. 여성이 미니스커트를 입고 하이힐을 신는 등 자신의 모습을 드러내며 자유를 누리기 시작한 때였습니다. 가늘고 세련된 스틸레토 힐을 애용하는 여성이 점차 늘어난 건 어찌 보면 당연한 일이었죠.

그렇지만 대체로 스틸레토 힐을 통해 활발한 사회 활동을 하는 여성보다 아찔하고 매혹적인 여성의 이미지를 떠올리는 사람이 많아요. 이 매혹적인 이미지는 여성을 자유롭게 만들기도 하지만, 한편으로는 한정된 틀 속에 가두기도 합니다. 세계적인 구두 디자이너 크리스티앙 루부탱은 "(여성들이) 힐을 신고는 빨리 달리지 못하니 남자들이 그녀를 좀 더 오래 볼 수 있다"고 말한 적이 있습니다. 이 말을 잘 뜯어보면 누군가는 스틸레토 힐을, 여성이 남성의 시선

을 유혹하는 도구의 하나로 본다는 걸 알 수 있어요. 18세기 사람들이 여성을 합리적인 남성을 유혹하는 비합리적인 존재로 묘사했듯, 21세기에도 여성을 남성의 시선을 사로잡는 매혹적인 이미지로 보는 사람이 있는 것입니다. 이런 이유로 스틸레토 힐이 여성의 신체적 매력을 상품화한다는 비판을 받은 적도 있어요.

시선을 조금 바꿔 새로운 질문을 던져 볼 수도 있습니다. 루이 14세가 유행시킨 빨간 굽의 하이힐을 그대로 21세기 여성이 신는다고 상상한다면, 그것은 높은 지위와 힘의 상징일까요, 아니면 매혹적인 여성성의 상징일까요? 사람마다 답은 다르겠지만 질문을 통해 깨닫게 되는 게 하나 있습니다. 우리가 사람이나 사물에 부여하는 남성다움과 여성다움의 의미는 영원하지 않고, 시대와 상황에 따라 얼마든지 바뀔 수 있다는 것입니다. 하이힐이 지닌 상징성 역시 앞으로 계속 바뀌어가지 않을까요? 이런 이야기를 통해 알 수 있는 또 하나의 사실이 있어요. 나의 정체성을 결정하는 건 물건이 아니라 바로 지금의 나 자신입니다.

백팩을 메야
남성다운 걸까?

　미국의 유명 드라마 〈프렌즈〉에는 재미있는 장면이 나온다. 주인공 중 한 명인 조이가 어떤 가방을 들자, 친구들이 기겁하는 내용이다. 그 가방은 짧은 손잡이가 달린 가방, 토트백이었다. 현재 우리나라에서는 남성들도 많이 들고 다니는 형태의 가방이지만 미국의 몇몇 지역에서 남성들은 주로 백팩을 메고 다녀야 '남성답다'고 생각한다. 그렇기에 조이가 든 가방이 남성답지 못한 가방으로 보였던 것이다. 물론 이 에 피소드가 방영된 건 이미 오래 전 일이고, 미국도 대도시와 중소도시 등 거주 지역에 따라 사람들의 성향과 생각이 다르다. 그러나 아직까 지도 미국이나 유럽의 일부 지역에서는 화장을 하거나 귀걸이를 낀 남 성을 보고 '남성답지 못하다'고 말할 때가 많다. 비가 적게 올 때 우산 을 쓰면 남성답지 못하다고 말하는 사람도 있다.

　재밌게도 우리나라에서는 토트백을 메고 다니는 남성을 남성답지 못한 사람으로 보지 않는다. 이처럼 지역이나 문화에 따라 사람들이 가방 등 장신구에 부여하는 성별 기준은 달라진다.

남성과 여성을 보는 시선도 지역이나 문화에 따라 차이점을 보여 왔다. 1900년대 이전까지 대부분의 나라에서 여성은 학교에서 교육받기 어려웠고 투표를 할 수도 없었다. 여성은 남성에 비해 이성적인 능력이 떨어진다고 판단해 선거 참여를 금지한 적도 있었다. 당시 여성들은 이런 억압에 맞서 남성과 동등한 교육을 받을 권리, 투표할 권리를 얻기 위해 투쟁했다. 그 덕에 20세기부터 세상이 달라졌다. 여성의 사회 진출이 활발해진 것은 물론이다.

　　그렇지만 남성다움과 여성다움을 강조하는 시선은 여전히 우리 사이에 존재한다. 여전히 '남자는 평생 세 번만 울어야 한다'는 말이 떠돌고, 화장을 하지 않은 여성에게 '좀 꾸미고 다니라'고 지적하는 사람들이 있다. 성별에 따라 달라지는 시선과 사고방식이 온당한 것인지, 나 자신은 그 시선에서 얼마나 자유로운지 생각해 볼 필요가 있다.

신발로도 계급을
나눌 수 있나요?

우리나라 역사를 다룬 사극을 보면 궁궐이나 관청을 배경으로 관료들이 등장한다. 색색의 관복을 입은 이들의 옷차림새를 유심히 살펴보면 대부분 검은색의 장화 비슷한 신발을 신고 있다는 걸 알 수 있다.

조선 시대 법을 총망라한 『경국대전』이라는 법전을 보면, 관료가 신어야 하는 신발 이야기가 나온다. 당시 조선의 관직은 정1품부터 정9품까지 나뉘어 있었는데, 이들은 검은 가죽(흑피)으로 만든 신발을 신었다. 동물의 가죽이 구하기 어려운 고급 재료였던 만큼, 이런 신발은 주로 상류층의 차지였다. 특히 정1품부터 3품까지는 평상시에 협금화를 신어야 한다고 적혀 있다. 협금화가 어떤 신발인지 정확히 알 수는 없지만, 흑피화 바닥에 징을 박은 가죽신으로 추측된다. 가죽에 징을 박는 일이 당시에 쉬운 일이 아니었던 만큼 협금화는 귀한 신발이었다. 관직에 있는 사람뿐 아니라 양반가의 여성 역시 가죽신인 '혜'를 신었다.

그러므로 가죽신은 평민에게 굉장히 귀한 물건이었다. 평민에게 가죽은 구하기도 어려웠고 가격도 비쌌다. 설령 구한다 해도 가죽을 신발 모양으로 가공하는 일도 어려웠다. 평민에게 남은 선택지는 짚신이었다. 벼농사를 짓고 사는 우리나라에서 가장 구하기 쉬운 재료가 바로 짚이었다. 특히 짚신은 남녀노소 즐겨 신는 신발이었다.

이렇게 보면 가죽신과 짚신은 단순히 재료가 다른 신발이 아니다. 과거에는 신발만 보고도 그 사람의 신분이 무엇인지 확인할 수 있었다. 즉 신발은 정체성을 상징하는 대표적인 물건이었다.

신분제도가 없어진 지금도 신발로 사람의 신분과 계급을 구분할 수 있을까? 오늘날에는 법이나 제도에 따라 어떤 신발을 신어야 한다는 규정이 없다. 그러나 재미있는 현상을 이따금 발견할 수 있다. 몇 년 전 한 인터넷 커뮤니티에 '신발 계급도'라는 게시물이 올랐다. 게시물에는 유명 브랜드의 신발을 가격대에 따라 서열을 나누고, 그 서열에 따라 계급을 매긴 그림이 담겨 있었다. 게시물은 신발 한 켤레에 100만 원을 훌쩍 넘는 명품 브랜드의 신발을 '천상계'로, 그 이하의 신발을 '준 천상계'나 '엘프계' 등으로 나누었다. 많은 이가 신는 나이키나 아디다스 같은 브랜드 신발을 비교적 저렴한 '인간계'로 구분했다.

게시물 제목이 '가격대별 제품 소개'가 아니라 '계급도'라는 점은 꽤 흥미로운 일이다. 이는 경제적 능력에 따라 사회 구성원이 위아래로 서열화된다는 뜻을 담고 있다. 흥미롭게도 신는 신발을 통해 계급을 나눈 것이다.

과거에는 신분이 개인의 정체성을 판단하는 중요한 기준이었다. 양반이나 평민 등 내가 어떤 계급으로 태어났느냐에 따라 삶의 모습이나 가질 수 있는 직업, 신을 수 있는 신발까지 달랐다. 타고난 신분을 벗어나기 힘든 시대였다. 신분제가 사라진 지금, 세상은 과거에 비해 얼마나 평등해졌을까. 신발 계급도를 통해 던져 볼 수 있는 질문이다.

3

신발,
환경이 빚어낸
발명품

크롭스의 원조는

어느 나라일까?

덥고 습한 여름, 거리 곳곳에서 눈에 띄는 신발이 있습니다. 둥그런 앞코에 조그만 구멍이 뚫려 있는 0.17kg의 '크롭스'라는 신발이에요. 가벼운 외출을 하거나 물놀이를 할 때 남녀노소에게 사랑받는 이 제품은 한 때 '세상에서 가장 못생긴 신발'이라는 악평을 들은 적도 있습니다. 2010년 미국의 《타임》지는 '최악의 발명품 50' 목록에 크롭스의 이름을 올렸어요. "얼마나 인기 있는지 중요하지 않을 정도로 이 신발은 너무 못생겼다"는 게 선정 이유였습니다.

그럼에도 이 '못생긴 신발'은 몇 년 후 멋진 모습으로 부활합니다. 미국의 인기 음악가 등 유명인들이 크롭스를 신고 시상식에 등장하기 시작했죠. 세계 곳곳의 유명인이 SNS에 사진을 올리면서 크롭스는 패션 아이템으로 각광받기 시작했습니다.

크록스는 코로나19가 세계를 휩쓴 후 새롭게 주목받기도 했습니다. 환자를 살리기 위해 불철주야 뛰어다니는 의료진이 크록스를 신은 모습이 미디어에 실리며 그 실용성이 입증됐거든요.

크록스는 2002년 미국 콜로라도주에 사는 스콧 사이먼스 등 친구 3명이 의기투합해 설립한 신발 회사입니다. 이들은 멕시코에서 보트를 타고 놀다가 스콧이 신고 있던 네덜란드 전통 나막신인 클로그(Clog)가 보트에서 잘 미끄러지지도 않고 냄새도 나지 않다는 점을 알게 되었습니다. 신발이 투박하게 생기긴 했지만, 물놀이를 할 때 제법 편리했기에, 세 친구는 사업을 벌이기로 했지요. 물과 땅 모두에서 생활 가능한 악어에서 이름을 따 크록스라는 브랜드를 만들고, 투박한 형태의 신발을 내놓았습니다. 이것이 큰 인기를

크록스의 모습

끌어 오늘날의 신발 브랜드 크록스가 되었습니다.

이쯤 되면 크록스의 조상격이라 할 수 있는 클로그라는 신발이 궁금해집니다. 이 신발의 모양은 우리에게 비교적 익숙해요. 영국의 소설가 위다의 원작으로 만들어진 만화 〈플란다스의 개〉에서 주인공 네로가 신고 다녔던 귀여운 나막신이 클로그이기 때문이지요. 클로그는 나무를 두텁게 깎아 발을 전부 감싸는 형태의 구두입니다. 제법 두껍고 투박해 보이는 신발임에도 무겁지 않다는 장점이 있습니다.

무엇보다 클로그는 크록스만큼 쓸모 있는 신발이었어요. 먼 옛날 네덜란드의 농민들이 들판에서 일을 할 때 즐겨 신었거든요. 어째서 네덜란드에서는 나무로 만든 두터운 신발이 실용적인 물건으

네덜란드 전통 신발 클로그

로 자리 잡은 걸까요? 옛날 우리나라에도 나막신이 있었지만, 우리나라 사람들은 나막신을 비 오는 날이나 눈이 녹아 땅이 진창이 되었을 때 주로 신었습니다. 그렇다면 네덜란드 사람들은 어떨 때 클로그를 신었을까요? 그 이유를 알려면 네덜란드라는 나라를 먼저 살펴봐야겠어요.

신이 아닌 인간이 만든 나라, 네덜란드

네덜란드라는 나라의 이름을 들으면 떠오르는 몇 가지 장면이 있습니다. 붉은색과 노란색으로 땅을 뒤덮은 튤립과 풍차, 평화롭고 운치 있는 풍경이 떠오르죠. 그렇지만 튤립과 풍차의 나라 네덜란드를 찬찬히 뜯어보면 조금 다른 풍경도 보입니다. 바로 주어진 환경을 극복하기 위해 네덜란드인이 쌓아 올린 역사입니다.

네덜란드는 사실 사람이 살기 쉽지 않은 땅이었습니다. 척박한 환경의 증거는 네덜란드라는 이름에서부터 찾아볼 수 있어요. 네덜란드(Nederland)의 네덜(Neder)은 '낮은'이라는 뜻을 가지고 있고, 란드(Land)는 땅을 의미합니다. 즉 네덜란드라는 국가명은 '낮은 땅'이라는 의미를 품고 있지요. 네덜란드는 이름처럼 낮고 평평하고 축축한 땅 위에 자리 잡은 나라입니다. 국토 대부분이 해발고도 100m 남짓의 평평한 땅인데, 전 세계 육지의 평균 높이가 875m 라는 걸 감안하면 무척 낮은 편이에요. 이 나라에서 가장 높은 산의 정상도 해수면에서부터 고작 322m 떨어져 있습니다. 우리나라에 서는 동네 뒷산 정도의 높이라 볼 수 있죠.

이렇게 낮은 곳에 위치해 있으면 바닷물과 강물에 수시로 땅이 잠깁니다. 옛 네덜란드인은 언제 물이 범람할지 모른다는 두려움 속에 살아갔습니다. 그러니 바다의 짠물이 들어온 축축한 땅 위에 서 걸어 다니거나 농사를 지으려면 나막신이 필요했습니다. 클로 그는 네덜란드인이 척박한 자연 환경에 적응한 결과 생겨난 신발 이었던 것이죠.

그러나 네덜란드인은 살아가기에 불리한 자연환경을 놀라운 근 성으로 극복해냈습니다. 범람하는 바닷물에 대항해, 수 세기에 걸 쳐 바닷물이 땅으로 들어오지 못하게 둑과 저수지, 댐을 세웠습니 다. 이 나라의 주요 도시는 암스테르담(Amsterdam)과 로테르담(Rotterdam)인데요, 두 도시의 이름이 댐(Dam)이라는 글자로 끝나는 이 유도 이와 관련이 있습니다. 강이나 바닷물을 막는 '댐'을 만들고 그 주위에 도시를 조성했기에 붙은 이름이지요.

풍차 역시 같은 맥락에서 만들어졌습니다. 네덜란드인은 농사 짓기에 좋은 터전을 만들고자 대대적인 간척 사업을 벌였습니다. 먼저 바닷물을 막는 거대한 인공 제방을 쌓아 물을 가뒀고, 그다음에는 커다란 풍차의 힘을 이용해 가둔 물을 바다로 퍼냈습니다. 다행히 1년 내내 북해에서 불어오는 세찬 바닷바람의 힘이 네덜란드인에게 큰 도움이 되었습니다. 네덜란드 곳곳에 1만여 개에 가까운 풍차가 세워져 있는 이유죠. 오늘 날 네덜란드의 풍차는 관광용에 가깝지만, 과거의 네덜란드에서 풍차는 반드시 필요한 것이었습니다. 바닷물을 퍼 올리는 역할뿐 아니라 방앗간의 역할, 나무를 자르는 역할까지 했으니까요.

네덜란드인들은 간척 사업으로 국토의 5분의 1 이상을 만들어 냈습니다. 간척한 땅에서 소금기를 제거해 비옥한 농토를 만들었죠. 그 위에서 돼지나 양, 소 등을 키운 덕에 네덜란드는 현재 유럽의 주요한 낙농 국가가 되었습니다. 프랑스 철학자 볼테르는 "세상은 신이 만들었지만 네덜란드는 네덜란드 사람들이 만들었다"는 말을 한 적이 있어요. 불리한 자연환경을 이겨내고 새로운 터전을 만들어 낸 네덜란드의 독특한 역사를 짐작할 수 있는 말입니다.

실용적이고 열린 사고의 나라

부엌 한편에서 그릇에 조심히 우유를 따르는 여성의 모습. 17세기 네덜란드에 살았던 화가 요하네스 페르메이르가 그린 〈우유를 따르는 여인〉입니다. 고요한 아름다움이 느껴지는 작품이지요. 이 그림의 신기한 점은, 그리 특별하지 않은 일상 속 모습을 담고 있다는 점입니다. 같은 시기 프랑스나 이탈리아에서는 역사화나 종교화가 유행했어요. 그러나 네덜란드에서는 페르메이르의 작품처럼 친근하고 작은 일상을 다룬 풍속화나 풍경화, 정물화가 인기를 끌었습니다. 작품을 구매하는 고객이 주로 왕이나 귀족이 아닌, 상업으로 성장한 시민 계층이었기 때문입니다.

요하네스 페르메이르의 그림 〈우유를 따르는 여인〉(1658~1660, 캔버스에 유채)

앞선 이야기로 돌아가 볼까요. 간척 사업 이전까지 국토 대다수가 낮은 습지였던 네덜란드는 농업에 의존하기 어려웠습니다. 그러나 이 축축한 땅은 네덜란드에 새로운 기회를 열어 주기도 했어요. 바다에 접해 있었기에 간척 사업 이전에는 농업 대신 해상 무역에 힘을 쏟았거든요. 다행히 네덜란드는 영토의 서쪽과 북쪽 끝에 북해가 있어 유럽과 아시아, 아프리카를 이을 수 있었습니다. 무역이 발달하며 네덜란드는 어느새 유럽 각국 상인들이 모여 거래하는 나라가 되었어요. 상인이나 무역상뿐 아니라 거래를 위해 환전을 하거나 돈을 빌려주는 직업이 발달하기도 했습니다. 이는 금융업의 발달로 이어졌죠. 경제 상황이 좋아지니 시민들은 중산층으로 성장했고, 곧 많은 세금이 모였습니다. 커진 경제의 규모만큼 정치적 힘도 커졌죠. 프랑스나 영국을 이끌어 간 것이 왕과 귀족이었다면 네덜란드를 이끈 건 부유한 중산층이었습니다.

경제적으로 여유가 생기자 부유한 중산층들은 집 안을 꾸미기 위해 미술품도 사들였어요. 앞에서 본 페르메이르의 작품도 그런 작품 중 하나입니다.

무역과 상업이 발달한 17세기 네덜란드는 유럽에서 가장 잘나가는 국가 중 하나가 되었습니다. 흔히 유럽의 강대국이라 하면 영국이나 프랑스 등을 떠올리기 쉬워요. 그러나 17세기의 네덜란드야말로 영국과 맞서 싸울 만한 강국이었습니다. 네덜란드는 영국보다 4~5배 많은 선박을 가지고 있었고, 무겁고 부피가 큰 짐을 운반하기 위해 배의 폭이 넓고 돛대가 3개가 넘는 배를 만들었어요. 또, 다른 나라보다 절반 정도 저렴한 값으로 물건을 운반해 유럽의 뱃길을 사로잡았습니다. '작지만 강한 나라의 힘'을 보여준 것이죠.

척박한 자연과 맞서 싸우며 새로운 땅을 만들어야 했던 과거의 경험, 자유로운 시민들이 이끌어간 사회는 네덜란드인의 사고방식에도 영향을 주었습니다. 네덜란드인은 삶에 군더더기를 만들지 않고 실용적인 것에 신경을 쓰는 편이에요. 쓸데없는 격식에 매달리기보다 열린 사고로 실용적인 문물을 받아들이는 것을 좋아합니다. 그래서 다른 나라의 새로운 법이나 제도도 빠르게 받아들이는 편입니다.

세계 최초로 안락사를 법으로 인정한 나라도 네덜란드예요. 불치병으로 죽음의 단계에 들어선 환자의 고통을 덜어주며 죽음에 이르게 하는 안락사는 아직도 전 세계 대다수의 나라에서 찬반이 나뉘는 문제입니다. 안락사도 시행하는 시기에 따라 그 의미가 두 갈래로 나뉩니다. 의료진이 직접 약물을 투입해서 인위적으로 죽음을 앞당기는 적극적인 안락사도 있고, 환자나 가족의 요청으로 영양 공급이나 약물 투여를 중단시켜 자연스럽게 죽음으로 유도하는 소극적 안락사도 있죠. 2001년 4월에 네덜란드는 세계 최초로 적극적 안락사까지 법적으로 인정했습니다. 동성 간 결혼이 가장 먼저 인정된 나라 역시 네덜란드입니다. 네덜란드는 안락사가 허용된 해에 동성 간 결혼도 인정했습니다. 이 역시 세계 최초였죠. 그로부터 20년간 스페인과 프랑스, 미국, 호주, 대만 등 총 30개 국가가 동성애를 인정하는 방향으로 움직였습니다. 안락사나 동성 간 결혼 모두 워낙 찬반이 팽팽하게 맞서는 사안이고, 찬반 중 어떤 태도가 옳고 그른지 함부로 단정 짓기 어렵지만, 모두 네덜란드에서 최초로 합법화되었다는 점은 흥미로운 사실입니다.

네덜란드의 나막신 클로그를 통해 낮은 땅과 습지에서 삶을 일궈야 했던 네덜란드인의 고된 삶을 상상해 보았나요? 놀랍지 않나요? 실용주의와 열린 사고를 꽃피워 불리한 환경을 극복한 그들의 역사가 한 켤레 신발에 고스란히 남아 있다는 점이 말이에요.

더치페이는 정말
네덜란드인의 계산 방식일까?

함께 밥을 먹고 나서 계산대 앞에 섰을 때, 전체 금액을 각자의 몫만큼 나누어 내는 것을 더치페이(Dutch pay)라고 부른다. 더치페이는 더치 트리트(Dutch treat)라는 말에서 온 용어다. Dutch는 '네덜란드 사람', 또는 '네덜란드의'라는 뜻이다.

그렇기에 각자 먹은 만큼 돈을 나누어 계산하는 것을 네덜란드 문화로 오해하기 쉽지만 오히려 반대에 가깝다. 네덜란드에서 더치 트리트는 다른 사람에게 한턱을 내거나 대접하는 관습을 뜻했다. 이 뜻이 음식 값을 나누어 낸다는 더치페이로 바뀐 데는 사실 영국의 영향이 있었다.

앞서 살펴보았듯 17세기 네덜란드는 해상 강대국으로, 또 다른 해상 강국인 영국의 강력한 라이벌이었다. 영국과 네덜란드는 17세기 후반에 3차례나 전쟁을 치렀다. 결국 영국이 승리했지만, 두 나라가 전쟁으로 입은 피해는 복구하기 힘들 정도로 컸다. 영국인들은 자신들에게 막대한 피해를 입힌 네덜란드를 비하하고자, 부정적인 단어에 '더치'라는 말을 붙이기 시작했다.

더치페이라는 말도 마찬가지였다. 영국인들은 대접한다는 의미의 트리트(Treat)를 '지불하다'라는 뜻의 '페이(Pay)'로 바꾸어 사용했다. 당시 영국인들은 타인에게 환대를 베풀고 한턱내는 것이 영국인의 신사다움을 드러내는 것이라 여겼다. 남에게 후하게 베푸는 것이 영국인의 교양을 지키는 길이라 생각했기 때문이다. 이런 생각을 가진 영국인의 눈에 자본주의와 상업을 발전시킨 네덜란드는 천박한 생각을 가진 사람들로 보였다. 그래서 영국인들은 한 사람이 베풀지 않고 음식값을 각자 나누어 내는 문화에 네덜란드를 뜻하는 더치(Dutch)라는 말을 붙였다. '각자 식사비를 부담하는 문화는 네덜란드인들이나 할 만한 일'이라 비하한 것이다.

이처럼 더치페이라는 말의 역사 속에는 네덜란드인에 대한 비하가 숨어 있다. 하지만 흥미롭게도, 과거 영국인들이 비하했던 더치페이는 현대사회에서 꽤 합리적인 계산 방식으로 통한다.

핀란드 스키부대에
숨은 비밀

스키를 타고 눈밭을 빠르게 달려 본 적 있나요? 신발에 길고 얇은 판을 붙여 눈길을 빠르게 활강할 수 있는 스키는 세계 곳곳에서 많은 이에게 사랑받는 운동입니다.

북유럽 신화 속에는 스키를 타는 신이 등장하기도 합니다. 우리가 영화를 통해 알고 있는, 망치를 든 신 토르는 사실 북유럽 신화 속에 등장하는 인물에서 비롯된 캐릭터이지요. 신화 속 이야기에 따르면 토르에게는 의붓아들이 있는데 이름이 울르입니다. 이 울르는 스키를 잘 타고 활을 잘 쏘는 것으로 유명한 신이에요.

이 대목에서 짐작할 수 있듯 북유럽에서는 스키가 오랫동안 중요한 물건이었어요. 아주 오래 전부터 스키가 이동을 위한 수단이었습니다. 북유럽은 대체로 말 머리 모양의 스칸디나비아 반도에 위치한 노르웨이나 스웨덴, 핀란드, 덴마크, 아이슬란드 등을 의미하는 경우가 많습니다. 이곳은 북극에 가깝고 위도가 높아서 늘 추운 편이에요. 긴 겨울과 추운 날씨, 눈밭이 이어진 이 지역에서는 그냥 신발을 신고 걷는 것보다 길고 얇은 판자를 구두나 장화에 붙여서 눈 위를 활주하는 게 훨씬 더 편리한 수단이었습니다. 일단 스키라는 말도 '눈 위에서 신는 신발'을 뜻하는 노르웨이어에서 나왔으니 그 중요성을 상상해 볼 수 있어요.

노르웨이의 레디 바위에서는 스키를 타는 사람이 그려진 4,500년 전의 그림도 발견되었어요. 우리나라 고조선 시대에 북유럽 사람들은 스키를 탔던 것이죠. 여러 일화로 짐작할 수 있듯 북유럽에서 스키는 겨울 스포츠가 아니라 삶의 일부였습니다.

이렇게 스키가 오랜 시간 이동수단이었지만, 기술 발달이 빨랐던 건 아니에요. 스키와 신발을 잘 붙여서 고정을 시켜야 눈 위에서 점프를 하거나 자유롭게 방향을 바꿀 수 있는데, 예전에는 고작해야 가죽 끈이나 나무줄기 정도로 고정했기에 점프를 하거나 회전을 하기에는 불안정했습니다. 1932년에 비로소 신발의 앞뒤를 스키에 고정시키는 바인딩이 개발되면서 스키 기술도 본격적으로 발달했습니다. 스키를 이용한 스포츠도 이때부터 본격적으로 발달하게 되었죠.

스키를 타고 총을 쏜다고? 바이애슬론

하얗게 펼쳐진 눈밭. 어깨에 총을 둘러맨 채 스키를 타는 사람들이 보입니다. 그들은 바람의 저항을 덜 받기 위해 몸을 수그리고 폴을 잡은 채 내리막길을 달리다 갑자기 멈춰섭니다. 그리고 숨을 가다듬으며 배를 바닥에 깐 자세로 엎드립니다. 곧 어딘가를 향해 총을 쏘기 시작합니다. 방금 전까지 재빠른 스키 선수였던 사람들이 갑자기 침착한 사격 선수로 변신하는 순간이지요.

스키와 총 쏘기가 긴박하게 이어지는 이 장면은 마치 영화에나 나올 법 합니다. 그러나 이것은 영화가 아닌 바이애슬론(Biathlon)이라 불리는 겨울 스포츠 종목의 경기 모습입니다. 바이애슬론의 바이(Bi)는 그리스어로 '둘'을 뜻하는 말입니다. 두 바퀴인 자전거의 영어 단어 바이시클(Bicycle)의 앞에도 붙어 있는 말이에요. 애슬론(Athlon)은 운동경기를 뜻합니다. 두 가지의 운동경기, 스키와 사격이 결합한 스포츠라 이런 이름이 붙은 거죠.

겨울에 눈밭을 달리는 이 경기, 우리나라에서는 다소 낯선 종목이지만, 북유럽 등에서는 인기가 많아요. 남성은 20km, 여성은 총 15km를 스키를 타고 달리는데, 빠르게 달려야 한다는 점에서는 스키 경주인가 싶기도 하지만, 인상적이게도 선수들의 어깨에는 3.5kg짜리 소총이 매달려 있습니다. 선수들은 일정 구간마다 멈

바이애슬론 경기에서 사격을 하는 선수의 모습

취 서서, 배를 바닥에 깔고 엎드린 채로 50m 밖에 있는 표적을 향해 5발씩 총을 쏜 뒤 결승점에 도착해요. 심사단은 출발에서 결승에 이르기까지 걸린 시간이 얼마나 되는지, 사격이 얼마나 정확했는지에 따라 최종 순위를 정하고 메달을 주지요. 보통 스키 선수라면 스키 경주에 대비하고, 사격 선수라면 사격에만 대비하면 충분하나, 바이애슬론 선수들은 둘 모두를 훈련해야 합니다. 스키 실력은 물론이고 사격 솜씨까지 훌륭해야 하니 만만치 않은 체력과 집중력이 필요한 경기라고 볼 수 있지요.

바이애슬론은 마치 전투처럼 보이기도 합니다. 북유럽 사람들은 스키를 주로 이동수단으로 썼지만, 군사훈련이나 전쟁을 할 때도 스키를 사용했어요. 실제로 18세기 북유럽의 노르웨이와 스웨

덴의 군인들은 눈 덮인 곳에서 스키를 타며 사격 훈련을 하고, 전투 능력을 키웠다고 해요. 그리고 역사를 조금 자세히 살펴보면, 북유럽에 위치한 또 다른 작은 나라, 핀란드가 치른 전쟁 속에서도 바이애슬론의 흔적을 찾아볼 수 있습니다.

핀란드 스키부대, 겨울 전쟁에서 소련군을 무찌르다

핀란드는 우리나라 영토의 절반이 조금 안 되는 크기의 작은 나라입니다. 충치를 예방한다는 자일리톨 껌과 그 껌의 광고에서 나온 '휘바휘바'라는 노래가 유명하지요. 본래 자일리톨은 껌을 위해 만들어진 게 아니라, 2차 세계대전 당시 설탕을 대체할 물질로 개발되었어요. 주로 자작나무에서 추출하지요. 핀란드는 숲이 전체 국토의 3분의 2를 차지할 만큼 삼림이 풍부한 나라에요. 이처럼 삼림이 우거진 지형은 핀란드가 치렀던 전쟁에 도움을 주기도 했습니다.

핀란드는 강대국 사이에 위치한 나라이기도 합니다. 동쪽으로 러시아와 국경선을 맞대고 있고, 서쪽에는 스웨덴이 자리 잡고 있어요. 중국과 러시아 등 강대국과 국경을 맞댄 우리나라가 그랬듯, 핀란드 역시 곤란한 일을 많이 겪었습니다. 수백 년에 걸쳐 스웨덴

왕국과 러시아의 지배를 번갈아 받는 시간을 지나야 했지요. 오랫동안 '핀란드 대공국'이라는 이름으로 러시아 황제의 간접적인 지배를 받으며 지내는 수모를 겪기도 했습니다.

그런 핀란드에도 희소식이 날아왔습니다. 1917년, 오랫동안 굶주림과 폭압적인 정치에 시달리던 러시아의 노동자들이 혁명을 일으킨 것이에요. 이 사건으로 러시아의 황제가 쫓겨났습니다. 러시아는 노동자 모임인 공산당이 다스리는 소련(소비에트연방 사회주의 공화국)이라는 나라가 되었지요. 러시아가 무너진 이때 핀란드는 독립을 선언했고, 자유를 찾았습니다.

그런데 1939년 2차 세계대전이 벌어지면서 강대국 소련은 동유럽과 북유럽의 나라들을 침략하며 영토를 넓혀 갔고, 핀란드까지 침략합니다. 소련은 외무장관 몰로토프를 핀란드에 보내서 핀란드 국경 일부 영토를 넘기라고 요구했습니다.

핀란드인들은 어렵게 얻은 나라의 주권을 다시 빼앗길 수 없었기에, 단칼에 소련의 요구를 거절했어요. 핀란드의 완강한 거부에 소련군 45만 명이 핀란드 영토로 침공하면서 겨울 전쟁(Winter war)이 시작되었습니다. 현재 대한민국의 총 병력을 모두 합해도 50만 명이 채 되지 않는다고 하니, 얼마나 많은 소련군이 핀란드에 밀려갔는지 짐작할 수 있어요. 반면 핀란드의 군 병력은 15만 명 정도로, 소련에 비하면 너무도 적었습니다. 심지어 전투기나 폭격기 등 중요한 무기의 수조차 소련에 밀리는 상황이었어요.

이런 상황이니 소련군은 자신만만했습니다. 이 인원과 무기라면 며칠 안에 핀란드가 항복을 선언할 거라 자신하며 공격을 시작했습니다. 그렇지만 때로는 자신만만한 마음이 실수를 불러오기도 합니다. 소련군은 7일 동안의 거침없는 진격 뒤에 승리를 자신하며 적국인 핀란드 영토 안에서 휴식을 취합니다. 식량 등 전쟁 물자도 얼마 가져오지 않은 상태였다고 해요. 며칠 안에 전쟁을 끝낼 거라 생각했으니 말이에요.

그 사이 핀란드 군대는 소련군을 무찌를 길을 찾아냈습니다. 당시 핀란드에는 구스타프 만네르헤임이라는 72세 노장이 있었는데, 이 장군은 현명하게도 핀란드의 지형을 이용하기로 마음먹었어요. 소련군이 공격하며 들어오는 지역에는 끝도 없이 넓은 삼림과 호수가 있었어요. 적군이 한정된 길을 따라 이동할 것이 예상되는 상황이었습니다. 만네르헤임은 그 길을 따라 핀란드의 병력을 배치했습니다. 특히 보병들에게 스키를 타고 빠르게 움직이며 소련군을 기습 공격하라고 주문했어요.

수십만 명의 소련군이 일렬로 길게 줄지어 움직이고 있으면, 눈밭에서 흰색 군복을 입은 핀란드의 스키부대가 나타나 화염병을 던졌습니다. 소련군이 잠든 밤에는 야간 습격을 하며 총을 쏘아 혼란스럽게 했죠. 숲속에서 좁은 길을 이동하는 소련군을 측면에서 공격하기도 했습니다. 이에 소련군은 당황할 수밖에 없었습니다.

이 전투에서 핀란드군의 훌륭한 전술을 도운 물건은 뭐니 뭐니 해도 '스키'였습니다. 핀란드 군인들은 스키를 탔기에 재빠르게 움직일 수 있었습니다. 적군에게 화염병을 던진 후 스키를 탄 채 신출 귀몰 사라지는 작전은 핀란드인에게 매우 적합한, 최고의 전술이 었습니다. 오랫동안 스키를 이동 수단이자 군사 장비로 썼기에 가능한 일이었지요.

이 멋진 전술의 끝이 해피엔딩이라면 좋았겠지만, 안타깝게도 그렇지는 못했습니다. 핀란드에 예상치 못한 패배를 맛본 소련군 은 군대 지휘부를 바꾸고 90만 명에 달하는 병력을 모았습니다. 전 차나 항공기를 보충하고 보급 물자도 대량 준비해 어마어마한 포

눈밭 위 핀란드 군인의 모습

격을 시작했지요. 핀란드군은 최선을 다했지만, 부족한 전력에 물러날 수밖에 없었습니다. 마침 겨울 추위가 슬슬 끝나가던 시기라 핀란드군의 전술을 계속 활용하기도 어려운 상황이었습니다.

겨울 전쟁에서 스키를 탄 채
무장한 군인의 모습

결국 핀란드의 방어선이 뚫렸고, 패배한 핀란드는 모스크바에 대표단을 보냈습니다. 전쟁을 끝내기 위한 협상을 해야 했기 때문이죠. 이 협상으로 핀란드는 전체 인구의 12퍼센트가 살고 있는 카렐리야라는 지방을 내주어야 했습니다. 뿐만 아니라 핀란드 남부에 있던 항코라는 항구를 소련에 빌려주는 강제 협약까지 맺었어요.

그러나 눈에 보이는 것이 전부는 아니었습니다. 핀란드와 소련이라는 두 나라의 전력을 비교해 볼 때 이 전쟁은 핀란드의 완전한 패배라고 보기는 어렵습니다. 핀란드는 소련에 적지 않은 타격을 입혔어요. 105일 간의 전쟁 동안 소련군 사상자는 약 20만 명, 핀란드군 사상자는 2만 5000여 명으로 그 차이도 컸습니다. 소련 역시 핀란드를 합병시키겠다는 야심을 놓아두고, 핀란드를 독립국가로 인정했습니다.

약소국이 강대국에 맞서 끝까지 싸운 이야기다 보니 이 겨울 전쟁은 더더욱 뜻깊게 느껴집니다. 우리는 소련이라는 강대국을 향해 독립 의지를 불태웠던 핀란드인의 힘을 엿볼 수 있어요. 덧붙여 핀란드가 겨울 전쟁으로 보여준 건 단순한 투지만이 아니었습니다. 북극권에 가까운 핀란드 산악 지형의 기나긴 겨울, 그 환경을 스키부대를 통해 적극적으로 이용한 지혜도 배울 수 있지요. 자신이 처한 환경을 이해하면 더 지혜로워질 수 있다는 사실을요.

알파인과 노르딕, 스키 용어에 숨은 비밀

　동계 올림픽 경기에서 스키 종목을 보면 보통 '알파인(Alpine)'과 같은 낯선 단어를 만날 수 있다. 알파인이나 노르딕 등 스키 용어는 일찍이 스키가 발달한 유럽에서 비롯된 말이다. 우리나라 스키장에 가면 높은 산에 올라간 사람이 스키를 타고 아래로 활강하는 모습을 볼 수 있는데, 이를 알파인 스키라고 부른다. 알파인은 '알프스산'이라는 의미를 품고 있다. 유럽에 뻗어 있는 알프스산맥은 최고 높이 4,800m가 넘을 정도로 험준한 산맥으로, 이곳에서 스키를 타고 눈길을 내려오기 위해서는 스키와 신발이 뒷꿈치까지 안전하게 연결되어 있어야 한다. 바인딩이 앞쪽과 뒤쪽에 모두 연결되어 있어야 안전하게 점프하며 산을 내려올 수 있다. 알파인은 올림픽 스키 종목이기도 한데, 무엇보다 빠른 활강 속도가 중요하다.

　그런데 스키를 이동 수단으로 쓰던 북유럽 사람들은 눈길을 내려오는 것과 반대로 스키를 타고 눈길을 올라가거나 평지를 걸어 다니기도 했다. 평지를 걸어가려면 신발 뒤꿈치를 들어 올려야 하기 때문에 어떤 스키는 스키와 신발을 고정하는 바인딩이 앞에만 달려 있다. 이런 것을 노르딕 스키라고 부른다. 노르딕이라는 말은 북쪽(North)을 이르는 말에서 왔는데, '북유럽에서 타는 스키'라는 뜻이다. 보통 눈 위에서 마라톤을 하는 장면을 상상하면 되는데, 올림픽에서는 이렇게 노르딕 스키를 이용해 스키 점프나 크로스컨트리(들을 가로질러 간다는 뜻) 종목을 실시한다. 앞서 본 바이애슬론 역시 노르딕 스키를 이용한 종목이다. 이처럼 스키와 관련된 용어 속에서 눈이 많이 내리는 북유럽의 자연환경을 엿볼 수 있다.

녹조 라떼로
신발을 만든다고?

녹조 라떼, 마치 카페에서 주문할 수 있는 음료 이름처럼 느껴지는 말입니다. 그러나 알고 보면 이 단어는 전혀 다른 뜻을 품고 있어요. 몇몇 강이나 바다에는 물 위에 녹차처럼 짙은 녹색의 걸쭉한 부유물이 떠 있는데, 이것의 정체가 녹조입니다. 몇몇 사람은 이 녹조를 희화화 해 녹조 라떼라고 부르기도 해요.

녹조는 바다나 강에 조류가 늘어 나타나는 현상이에요. 조류는 물속에서 생활하는 존재로, 식물처럼 광합성 색소를 가지고 있긴 하지만 뿌리, 식물, 잎이 구분되지 않습니다. 이 조류 중에서도 미세하게 작은 조류를 식물성 플랑크톤이라 하는데, 특히 녹색이나 남색 빛을 띠는 녹조류나 남조류가 갑자기 늘어나면서 물이 초록색으로 보이게 되는 것이죠.

녹조 가득한 호수의 모습

조류는 원래 수중 생태계에서 제법 쓸모 있는 존재예요. 그러나 필요 이상으로 늘어나면 초록빛으로 물빛이 바뀌고, 생태계에 좋지 않은 영향을 미칩니다. 조류 때문에 물속에 녹아 있는 산소량이 줄어들기 때문입니다. 숨쉬기 어려운 환경에서 물고기는 떼죽음을 당하고, 물에서도 썩는 냄새가 나서 인근 어부들은 더 이상 어업을 이어가기 어렵게 됩니다.

녹조 현상은 강이나 바다 주변에 사는 사람들의 건강에도 좋지 않은 영향을 줄 수 있어요. 녹조 현상이 심각한 곳의 물을 마신 사람은 간이 손상되거나 구토, 복통을 겪을 수 있고, 심각한 경우 죽음에까지 이를 수 있거든요. 그뿐 아니라 물속 먹이사슬이 망가져 생태계 전체에 나쁜 영향을 미치기에, 녹조 현상은 세계적으로 심각한 환경 문제입니다.

이렇게 녹조 현상이 일어나는 건 역시 인간이 환경을 오염시키기 때문입니다. 음식물 쓰레기나 가축의 분뇨 같은 유기물 쓰레기가 많아지면서 녹조가 늘고 있어요. 보통 수온이 높아지거나 물이 제대로 흐르지 못하고 한 곳에 머물러 있을 때 녹조류가 급격하게 불어납니다. 강물을 막는 보와 같은 인공적인 저수 시설 때문에 물의 속도가 느려지는 것도 녹조가 생기는 원인 중 하나예요.

그런데 놀랍게도 2017년, 이 녹조로 신발을 만들었다는 소식이 영국에서 들려 왔습니다. 비보베어풋이라는 영국의 신발 회사가 녹조로 플라스틱 계통 소재를 만드는 블룸(Bloom)이라는 미국 회사와 합작해 녹조로 만든 신발을 공개했어요. 녹조로 만든 블룸 폼(Bloom foam)이라는 소재를 사용했지요. 그렇게 만든 신발의 이름은 '제퍼슨 블룸'입니다. 녹조가 하천에 가득한 모습을 일컫는 영어 단어 '블룸'에서 딴 이름입니다.

보통 물에 젖지 않는 워터 슈즈는 플라스틱 소재로 만들어요. 플라스틱 역시 썩지 않고 환경을 오염시키는 주범 중 하나입니다. 만약 비보베어풋이 정말 녹조로 신발을 만든다면 더는 플라스틱으로 워터 슈즈를 만들지 않아도 된다는 기대를 품을 수 있어요. 비보베어풋은 녹조가 심각한 중국의 3대 호수 중 하나인 타이호에서 녹조를 수집해 화제를 모았습니다. 작업 차량을 하천으로 끌고 가서 녹조를 끌어올리고, 화학 응고제를 뿌려 녹조를 덩어리로 만들었지요. 이 덩어리 진 녹조를 햇볕에 말리는 것이 녹조를 모으는 과정의 끝이었어요. 녹조의 독성이 제거되어 깨끗해진 물은 원래 있던 하천으로 내보냈죠. 이런 식으로 녹조를 모아 신발을 한 켤레 만들면 약 216리터의 물이 깨끗해진다고 합니다. 신발을 만들면서 녹조 문제까지 해결되니 일석이조인 셈이에요.

제퍼슨 블룸은 무게감을 거의 느낄 수 없을 정도로 가볍다고 해요. 활동성이 좋고 편안한 스니커즈죠. 3D 몰딩 기술로 만들기에 접착제를 바르거나 실로 꿰매지 않아도 내구성이 탄탄합니다.

녹조로 만든 신발은 환경오염으로 생긴 물질을 새로운 상품으로 바꾸었다는 점에서 눈길을 끕니다. 한편으로는 환경오염이 심각해진 지금, 변해가는 생태계에 대처하는 우리의 방식 중 하나라는 점에서 의미심장하기도 해요.

인간은 자연을 사용하는 존재일까?

2009년 개봉한 영화 〈아바타〉 1편은 3D 영화의 새로운 장을 열었다고 평가받는 작품이에요. 영화의 배경은 가까운 미래입니다. 지구의 에너지 고갈 문제 때문에 영화 속 사람들은 머나먼 행성 판도라에서 대체 자원을 채굴하려 하죠. 이곳에는 자연과 교감하고 평화를 사랑하는 나비족이 살고 있습니다. 하반신이 마비된 전직 해병대원 제이크 설리는 아바타 프로그램에 참가해 나비족을 만납니다. 그런데 나비족과 친해진 설리와 달리 지구인들은 판도라 행성의 자원을 발굴하기 위해 나비족을 해칩니다. 그들이 신성시하는 거대한 나무까지 캐내려 하지요.

아바타는 외계 행성의 이야기를 다루고 있지만 우리는 이 영화를 통해 우리가 지구와 자연환경을 대하는 태도를 돌아볼 수 있습니다. 영화 속 지구인이 판도라 행성에서 신성한 나무를 해치고 환경을 파괴하는 장면을 보면 자연을 파괴하는 우리 모습이 떠오르기도 해요. 꽤나 오랫동안 서구에서는 자연을 개척하고 이용하는 대상으로 바라보았습니다. 16세기 영국의 철학자 베이컨은 "방황하고 있는 자연을 사냥해서 노예로 만들어 인간의 이익에 봉사해야 한다"고 말했어요. 비슷한 시기의 프랑스 철학자 데카르트 역시 "우리는 자연의 주인이자 소유자가 될 수 있다"고 말했습니다. 인간의 정신 능력을 높이 사고 자연보다 우월한 존재라고 보는 시각, 인간이 자연의 주인이라는 생각은 오랫동안 서구 사회를 지배해왔습니다.

인간의 자유의지에 따라 자연환경을 개조하는 게 당연하다고 생각한 거죠. 얼마든 환경을 이용할 수 있다는 이 생각을 '환경가능론'이라 합니다. 정말 인간은 자연을 이용하고 개척해도 괜찮은 존재일까요? 이 이야기의 첫머리에서 네덜란드의 간척 사업을 이야기했는데 기억하나요? 네덜란드인들은 바닷물을 가두고 풍차를 이용해 자연이 준 좁은 땅을 넓혀 왔다고 했죠. 그 또한 환경가능론의 입장이에요. 즉 환경가능론은 자연환경을 가능성을 제공하는 주어진 무대로 봅니다. 그 위에서 인간이 의지에 따라 움직이는 걸 당연하게 생각하죠. 우리나라가 새만금 간척 사업으로 여의도 면적의 140배에 이르는 땅을 만들어낸 것도 환경가능론으로 펼친 사업이라 볼 수 있어요.

환경가능론으로 인간과 자연을 따로 구별하고, 자연을 '이용하는 도구'로 생각하면서 사람들은 자연을 파괴했어요. 석탄을 캐내고 나무를 베어 마을을 늘리기도 하면서 말이에요. 그렇게 인류는 과학, 경제 등 여러 분야에서 성장해 왔어요. 특히 근대 신항로 개척 이후 과학기술이 발달하면서 인간은 자연을 적극적으로 개발하고 이용하는 데 앞장섰습니다.

서로 영향을 주고 받는 인간과 자연

과거 서양 사람들이 생각한 대로, 정말 자연은 인간이 이용하고 개척하기 위해 존재하는 것일까요? 생태학자인 레오폴드가 지은 책 『모래군의 열두 달』(히스토리아, 2023년)에는 이런 이야기가 나와요. 산림 공무원이던 레오폴드는 늑대 사냥에 나서기로 해요. 사냥으로 늑대의 수가 줄어들면 인명 피해 등 늑대가 일으키는 여러 문제가 해결될 거라 생각한 것이지요. 그렇지만 늑대가 줄자 수가 늘어난 사슴 떼가 풀과 나무를 무섭게 먹어 치웠어요. 나무나 풀이 사라지면서 다른 동물들도 먹이가 부족해 죽어 갔습니다. 인간은 보통 늑대를 '흉악한 동물' '다른 동물에게 해를 끼치는 존재'로 여기고 사라져야 한다고 생각합니다. 그러나 늑대를 죽여 그 숫자를 줄이면, 먹이사슬이 망가져 다른 동물에게도 해가 가고, 결국 그 영향은 인간에게도 영향을 미칩니다. 레오폴드는 늑대 사냥 일화를 통해 생태계의 구성원은 모두 긴밀하게 연결되어 있고, 서로 끊임없이 영향을 주고받는다는 사실을 깨닫게 돼요.

지금까지 국가는 성장하기 위해, 기업은 이윤을 위해, 개인은 욕망을 실현하기 위해 토지나 자연환경을 정복했습니다. 바다와 갯벌을 메워서 땅을 넓히고 산을 부수고 강을 파헤쳤죠. 그것이 당연하다고 생각하면서 말이에요.

그러나 그 생각의 결과 우리는 자연의 역습을 받고 있습니다. 지구 온난화로 우리에게 돌아오는 각종 폐해가 그 증거예요. 산업혁명 이후 인간은 생산과 난방을 위해 석탄과 석유 등 화석연료를 사용했고, 이 때문에 이산화탄소의 농도가 올라가면서 지구온난화가 심각해졌습니다. 지구의 기온이 올라가며 극지방의 빙하가 녹고, 해수면이 상승하면서 해안가를 낀 도시와 나라가 물에 잠길 위험에 처했습니다. 온난화로 기상이변이 더해져 폭염이나 가뭄, 산불 등 기후 재난도 갈수록 자주 발생하고 있습니다.

인간은 생태계에 존재하는 많은 생명체 중 하나일 뿐인데, 오직 자신을 위해 다른 생명체를 파괴하고 훼손시켰어요. 자연의 질서를 깨뜨린 거예요.

자연과 인간은 서로 긴밀히 연결되어 있고, 생태계의 질서가 무너지면 이는 결국 인간에게도 고스란히 돌아옵니다. 이러한 점에서 인간이 만물의 영장이라는 착각을 깰 필요가 있습니다. 자연을 위해 우리가 할 수 있는 일은 무엇이 있을까요? 물건을 덜 사고 덜 쓰는 것도 좋겠지만, 녹조로 만든 신발처럼 자연을 보호하는 물건을 찾아보는 건 어떨까요. 환경문제는 잠깐 걱정할 단순한 일이 아니라, 우리의 현재와 미래를 위협하는 큰 문제니까요. 우리가 어떤 물건을 사용하느냐에 따라 자연환경의 모습도 크게 달라질 거예요.

지구에서
꿀벌이 사라진다면?

꿀벌이 사라지면 어떤 일이 생길까? 캘리포니아의 아몬드 농장에서는 아몬드 꽃이 필 무렵 벌을 농장에 들인다. 아몬드 꽃에서 아몬드가 맺히려면 벌이 부지런히 날아다니며 꽃가루를 날라야 하는데, 최근 세계적으로 꿀벌의 개체수가 급격하게 줄어들면서 아몬드 농장에도 타격이 왔기 때문이다. 농부들이 농사를 위해 양봉업자에게서 벌통을 빌려야 하는 때가 온 것이다.

왜 꿀벌의 수가 줄고 있을까? 전문가들은 인간이 사용하는 살충제, 기후변화 등이 영향을 끼쳤다고 본다. 더 많은 채소와 과일을 얻기 위해 벌레를 줄이려 살충제나 제초제를 뿌려 벌의 개체수가 줄었다. 지구온난화 때문에 기후가 급격하게 변하면서 봄에 한파가 닥쳐 벌 수십만 마리가 얼어 죽기도 한다. 또 지구온난화로 꽃이 피고 지는 기간이 짧아져 꿀벌이 꿀을 모을 수 있는 기간 역시 짧아졌다고 한다.

국제식량농업기구의 발표에 따르면 세계 식량의 90퍼센트를 차지하는 100대 농작물 중 71개가 꿀벌의 꽃가루받이에 의존한다. 특히 양파나 당근, 사과는 재배할 때 꿀벌의 기여도가 90퍼센트에 이른다. 꿀벌이 사라지면 과일과 채소 등 농작물 생산량이 줄어들어 식량 위기가 올 수 있다. 농작물 수확량이 줄면 농작물을 먹는 소와 같은 가축의 수도 줄어 우유와 고기 역시 얻기 어려워질 것이다. 이처럼 생태계는 서로 긴밀하게 연결되어 있다.

레이첼 카슨이라는 미국의 생태학자는 그녀의 책 『침묵의 봄』(에코리브르, 2011년)에서 생태계가 파괴되면 무시무시한 적막이 흐르는 '침묵의 봄'을 맞이할 수 있다고 경고했다. 침묵의 봄을 맞지 않으려면 제초제를 사용하지 않는 친환경 농업을 실시하거나 도시 양봉을 하는 등 생태계를 훼손하지 않는 방법들을 생각해 봐야 한다.

신발을 신는 나라와
벗는 나라

한국 시청자들이 미국 드라마를 볼 때 "보기 불편하다"고 지적하는 장면이 있다. 등장인물들이 집 안에서 신발을 신고 생활하고, 심지어 신발을 신고 침대에 누워 있는 모습이다.

유난스러운 지적이라고 할 수도 있지만 한국인들이 신발을 신고 실내에서 돌아다니는 일에 민감한 이유가 있다. 우리나라는 오래 전부터 신발을 벗고 실내에서 생활하는 문화가 굳어져 있다. 심지어 고구려 고분 벽화에서도 신발을 벗고 생활하는 오랜 습관을 발견할 수 있다. 북한 평안남도 쌍영총이라는 고분벽화에는 한 부부의 모습이 그려져 있는데 이들의 신발은 방 바깥에 가지런히 놓여 있다.

한국에서는 왜 오래 전부터 신발을 벗고 방 안에 들어갔을까? 온돌 문화의 발달이 큰 영향을 미쳤다는 분석이 많다. 온돌은 바닥에 구들장이란 넓은 돌을 깔고 아궁이에 불을 지펴 바닥의 돌을 달구어 방을 덥히는 방식을 말한다. 실내 바닥을 따뜻하게 달구기 때문에 한국인은 추운 겨울 실내에 앉아서 생활했고, 그러므로 실내 바닥의 위생이 중요했다. 그래서 신발을 벗는 문화가 발달했다는 것이다.

반면 유럽은 일찍부터 벽난로를 이용해 난방을 했다. 벽난로에 불을 지펴 실내 공기를 따뜻하게 만드는 방식이었다. 현재 서양에서 널리 쓰는 라디에이터도 마찬가지다. 바닥이 아니라 실내 공기가 훈훈해지는 방식이라 신발을 굳이 벗을 필요가 없었다. 양과 같이 털이 긴 가축을 많이 키웠기에 카펫 문화도 발달했는데, 카펫과 푹신한 침구류 덕분에 굳이 구들장을 덥힐 필요가 없었다.

이를 통해 한 가지 사실을 알 수 있다. 문화에는 각 나라마다 다른 이야기가 들었다는 것이다. 그러나 가끔 우리는 이런 사실을 잊고 문화에 우월한 것과 열등한 것이 따로 있다고 여긴다.

한 예로 신항로 개척 이후 유럽은 식민지를 넓히면서 "우수하고 지혜로운 유럽이 미개한 아시아나 아프리카의 문화를 발전시켰다"는 논리를 펼쳤다. 그러나 지리학자인 제레미 다이아몬드는 『총 균 쇠』(김영사, 2023년)라는 책을 통해 서구 열강의 문명이 세계를 지배하게 된 이유를 다르게 설명했다. 서유럽 사회가 지적으로 우수하고 세련된 것이 아니라 지리적으로 유리한 환경에 있었을 뿐이라는 얘기다. 서유럽은 음식을 저장하고 유지할 수 있을 만큼의 건조한 기후, 온순하고 다재다능한 소와 양 같은 가축을 사육하기 쉬웠던 환경, 농작물과 가축을 통제할 수 있는 환경에 놓여 있었고, 덕분에 식량이 넉넉해 인구가 많았다. 인구가 많으니 분업이 가능해 수공업이나 상업에 종사하는 계층이 성장할 수 있어 경제 성장과 기술 발전이 빨랐다. 일찍부터 동물이 사람에게 옮기는 전염병을 경험한 것도 타 대륙인에 비해 유리했다. 유럽인은 아메리카 대륙에 도착해 천연두나 홍역 같은 병을 아메리카 원주민에게 옮겼다. 면역력이 없던 많은 원주민이 병에 걸리면서 아메리카 원주민의 수가 크게 줄었다. 이는 유럽이 아메리카 대륙을 지배하는 데 큰 도움을 주었다.

이런 논리를 보면 야만이나 미개, 진보라는 말로 문화의 우열을 나눌 수 있다는 생각은 착각이다. 다른 사람의 안전이나 목숨을 위협하거나 해치는 수준이 아니라면, 각 문화는 존중받아야 한다.

4

신발에 담긴 차별의 역사

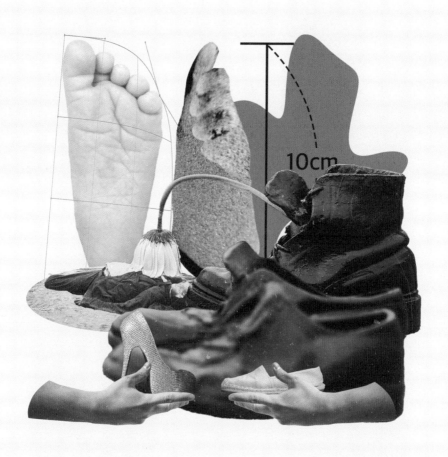

10cm 발에 욱여넣은
여성의 자유

큰 눈과 오뚝한 콧날, 작은 얼굴, 길고 가는 다리, 잘록한 허리. 21세기 한국에서 아름다운 여성을 언급할 때 자주 등장하는 기준입니다. 이 아름다움의 기준은 어느 시대나 똑같았을까요? 당연하게도 그렇지 않습니다. 먼 옛날 사람들은 배와 엉덩이에 살집이 있는 여성을 아름답게 여겼다고 해요. 사람의 노동력이 곧 재산과 같았던 당시에는 아이를 많이 낳는 것이 중요했고, 살집이 많은 여성이 다산과 풍요의 상징이었습니다. 또 다른 예로 19세기 이전의 일본에서는 치아를 검은 색으로 칠하는 화장법이 인기를 끌었다고 합니다. 당시에는 검은 치아를 아름다움의 상징으로 여겼다고 해요. 하얗게 빛나는 치아를 아름답다고 여기는 오늘날과는 너무 달라 깜짝 놀라게 됩니다.

옛 중국에는 독특하게도 발과 관련된 미(美)의 기준이 있었어요. '여성은 발이 작아야 아름답다'는 생각이었습니다. 오늘 날 성인 여성의 자그마한 발 크기를 상상하면 곤란합니다. 당시 중국인들이 이상적으로 생각했던 성인 여성의 발 크기는 9~10cm 정도였다고 하니까요. 우리나라 여성의 평균 발 사이즈가 23cm이니, 당시 중국인이 선호했던 여성의 발 크기는 지금의 어린이 발 크기 정도라 볼 수 있어요.

당연하게도 그 정도로 작은 발을 자연스럽게 얻을 수는 없었어요. 옛 중국 사람들은 전족(纏足)이라는 풍습을 따랐습니다. 전(纏)이라는 한자는 '꽉 조여서 꼼짝달싹 못하도록 붙들어 놓는다'는 뜻의 글자입니다. 족(足)은 발을 뜻하는 한자이니, 전족은 '발을 꽉 붙

전족을 한 여성이 신던 신발

들어 매는 것'을 뜻해요. 여자 아이의 발을 헝겊이나 천으로 묶어 인위적으로 작게 만들던 풍습이 바로 전족이었죠.

전족은 세 살에서 다섯 살 사이 여자아이의 발을 목면으로 감으며 시작됩니다. 이후 엄지를 제외한 4개의 발가락을 안쪽으로 굽어지게 꺾어서 더 이상 크지 못하게 만들어요. 발의 크기가 10~13cm 정도에 머무르면 면포를 벗기고 전족용 신발을 신깁니다. 이 과정에서 발 뼈가 부러지거나 근육이 오그라들어요. 이런 발을 가진 여성은 나이가 들면 발에 염증이 생기고 발이 썩기도 합니다. '작은 발 한 쌍을 가지려면 한 항아리의 눈물을 쏟아야 한다'는 말이 떠돌 정도였으니, 전족을 위해 어린 여자아이들이 얼마나 큰 아픔을 참아 냈을지 상상할 수 있습니다. 고통과 인내의 과정을 거치고 나면

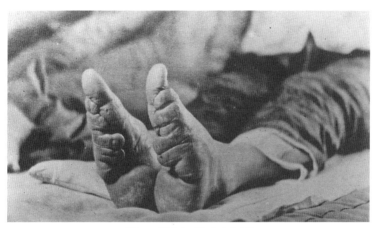

전족으로 형태가 변형된 여성의 발

현대인이 보기에는 다소 낯선, 기형적인 작은 발이 완성됩니다.

전족은 송나라 때를 거쳐 명·청대에 이르기까지 중국의 일반적인 풍습이었습니다. 전족이 시작된 이유에는 다양한 추측이 있습니다. 당나라 때 서방의 오랑캐 여인들이 발끝으로 추는 춤이 유행했는데, 이것의 영향을 받아 작은 발을 선호했다는 이야기가 있어요. 여성의 사회 진출을 막기 위해서 전족이 필요했다는 추측도 있습니다. 전족으로 발이 작아지면 걷기가 힘듭니다. 발가락 끝으로 뒤뚱거리며 걸어야만 했어요. 상체를 앞으로 구부려야 했기 때문에 등뼈가 기형적으로 튀어나오기도 했습니다. 불안정한 자세를 평생 유지하며 살아야 했던 거죠. 이런 자세로는 바깥으로 나가 활동하기가 어렵습니다. 당시 여성은 집 밖으로 나가 활동을 하는 존재가 아닌, 집 안에서 남성들을 즐겁게 해 주는 존재였습니다.

전족은 처음에는 주로 상류층 여성 사이에서 유행했어요. 그러나 시간이 흐를수록 평민층에게도 널리 퍼졌습니다. 전족을 한 평민 여성은 농사일이나 집안일이 어려웠기에, 무릎으로 기어 다니면서 일을 하는 경우도 있었습니다. 그럼에도 '발이 큰 여자는 못난 여자'라는 인식이 있어 전족을 하지 않으면 이상적인 남편을 만나기 어려웠어요. 이런 분위기를 따라 많은 부모가 딸에게 전족을 행했습니다.

아름다움이 만드는 족쇄

전족을 통해 한 가지 사실을 짐작할 수 있어요. 과거의 중국에서는 여성을, 남성을 기쁘게 해주는 존재로 생각했다는 겁니다. 남성과 여성을 동등한 존재로 보지 않았던 것이에요.

다행히 이런 인식에도 변화가 찾아왔어요. 1851년에 중국의 농민과 광부 등 각계각층이 태평천국운동을 벌였습니다. 태평천국운동은 말 그대로 평등하고 살기 좋은 천국을 만들자는 움직임이었어요. 처음에는 종교적인 비밀 집회에서 시작했지만, 점차 세력을 넓혀 그 군대가 난징을 점령하고 개혁안을 발표하는 데까지 이르렀습니다. 이 개혁안 속에는 중국을 망치는 나쁜 풍습을 없애자는 얘기가 들어 있었는데, 노름이나 마약과 같은 악습에 전족이 포함되어 있었습니다.

그러나 태평천국운동은 실패로 돌아갔어요. 전족은 20세기 초까지 쭉 이어졌습니다. 여성의 고통도 쭉 이어졌지요. 1949년 공산당이 다스리는 중화인민공화국이 들어서며 전족이 법으로 금지되고 나서야 비로소 고통이 끝났습니다.

아동 학대에 가까운 기괴한 풍습이었지만, 당시에는 많은 사람이 따랐던 전족. 이 작은 발에 얽힌 사연을 돌아보면 아름다움을 추구한다는 명분으로 우리를 옭아매는 기준을 돌아보게 됩니다. 작은 얼굴이나 마른 몸매처럼 우리가 따르고 있는 미의 기준이 영원하고 절대적인 것일까요? 언젠가는 바뀔 아름다움의 잣대로 나 자신과 주변을 옭아매고 있는 건 아닌지 판단해 볼 필요가 있습니다. 혹여나 잠시의 아름다움을 위해 자신 또는 타인에게 차별과 억압을 행하고 있는 것은 아닌지 말이에요.

여성이 바지를 입는 게
불법이었다고?

오늘 날 여성이 바지를 입고 길을 돌아다니는 건 자연스러운 일로 여겨진다. 지금의 여성은 누구의 허락도 받을 필요 없이 자신이 원하는 바지를 골라 입을 수 있다. 그러나 이는 몇 세기 전만 해도 경찰의 허가를 받아야 가능한 일이었다.

1799년 프랑스 파리시는 파리 여성의 바지 착용을 금지하는 조례(지역을 다스리기 위해 지방의회가 만드는 규칙)를 만들었다. 이 조례에 따르면 남성처럼 옷을 입기를 원하는 여성은 경찰의 특별 허가를 받아야 했다. 여성이 바지를 입는 행위를 남성의 권위에 도전하는 일이라 생각했기 때문이다.

물론 시대의 변화로 이런 법도 점차 완화돼 갔다. 1892년에는 승마를 하는 여성에 한해 바지 착용을 허가했고, 1909년에는 여성들이 자전거를 타고 있는 동안에는 긴 바지를 입을 수 있다고 규정했다. 치마를 입고 말이나 자전거를 타면 사고가 날 수 있기에 마지못해 허용한 것이다.

당시 남성들은 여성이 남성과 똑같이 옷을 입는 것에 부정적이었다. 여성의 사회 진출을 막으려 했기 때문이다. 이후 여성의 사회 진출이 본격적으로 이루어지면서 이 법 역시 실질적으로 '죽은 법'이 되어 갔다. 그러나 완전히 폐지되지는 않고 여전히 남아 있다가 2013년에야 정식으로 폐지되었다.

다뉴브 강변에 놓인
신발 동상의 정체

헝가리의 수도 부다페스트는 프랑스 파리, 체코의 프라하와 더불어 유럽의 3대 야경으로 꼽히며 많은 관광객들이 찾는 도시입니다. 이곳의 아름다운 풍경을 만들어 낸 일등 공신은 다뉴브강이에요. 〈아름답고 푸른 도나우강〉 〈다뉴브강의 잔물결〉이라는 노래로 유명한 강이지요.

다뉴브강을 따라 헝가리의 국회의사당 쪽으로 걷다 보면 특이한 풍경이 눈에 띕니다. 갖가지 모양으로 강변에 놓여 있는 60쌍의 신발이 눈에 띄지요. 회사원의 구두, 여성의 하이힐, 남성의 부츠, 어린 아이에게 맞는 작은 신발 등 다양한 모양의 신발이 총 60켤레 놓여 있습니다. 강가에 수십 켤레의 신발이 놓인 건 어떤 이유 때문일까요?

이 신발은 진짜가 아니라 쇠로 만든 조형물이에요. 신발 주변에는 영어와 헝가리어, 히브리어(유대인의 언어)로 쓰인 안내판이 자리 잡고 있습니다. 신발 모양의 조형물은 2차 세계대전 중 다뉴브 강변에서 일어난 잔인하고도 슬픈 사건을 추모하기 위해 놓였습니다.

비극이 일어난 때는 겨울이었습니다. 1944년 말에서 1945년 1월 사이, 하루에 수차례씩, 많은 유대인이 줄에 묶여 다뉴브강으로 끌려와 학살당했습니다. 당시는 히틀러가 2차 세계대전을 일으킨 때였어요. 인종 청소를 한다는 명분으로, 히틀러와 나치당은 오랫동안 나라를 잃고 유럽에 흩어져 살던 유대인을 죽음으로 몰아넣었습니다.

헝가리는 2차 세계대전 당시 독일 편에 서서 군대를 보냈습니다. 특히 부다페스트에는 히틀러의 정신을 따르는 화살십자당(Arrow Cross)이라는 악명 높은 단체가 있었습니다. 오랫동안 사회에서 소외받은 군 장교나 병사, 농민이나 민족주의자 등 반유대주의를 내세우는 사람들로 이루어져 있었죠. 이 화살십자당의 지도자였던 잘라지 페렝이라는 인물이 화살십자가당을 따르는 청년들을 모아 자치 경찰을 만들고 무기를 쥐어 주었어요. "부다페스트에 사는 유대인을 모두 사살하라"는 명령을 내리면서요.

2차 세계대전 이전까지 헝가리는 유럽에서 유대인이 가장 많이 사는 나라였습니다. 약 80만 명의 유대인이 살았으니까요. 헝가리는 2차 세계대전 중 독일의 지시를 받아 44만 명의 유대인을 폴란드의 아우슈비츠라는 강제수용소로 보냈습니다. 이곳으로 가지 않고 살아남은 유대인은 부당한 차별을 받았어요. 유대인 분리 구역 '게토'에 갇혀 살아야만 했습니다. 뿐만 아니라 유대인을 의미하는 별 표시를 달고 다녀야 했죠.

유대인을 사살하라는 지시를 받은 화살십자당은 게토에 갇혀 사는 주민들 뿐 아니라 병원에 누운 노인까지 학살했습니다. 그 중 일부는 상상하기 어려운 짓을 벌였습니다. 유대인들을 다뉴브강에 매일 끌고 와 신발을 벗게 한 후 강둑에 세웠습니다. 그 후 총을 쏴 강 아래로 밀어 버렸어요. 이 잔혹한 행위는 3개월 동안 거의 매일 벌어졌습니다. 성별이나 나이에 관계없이 수많은 유대인이 살해당했지요.

1945년 2월 소련군이 헝가리를 점령하면서 이 잔혹한 학살의 역사는 끝을 맺습니다. 3개월 간 수많은 유대인이 목숨을 뺏긴 후였어요. 정확한 통계는 알 수 없으나 역사학자들은 당시 다뉴브 강 근처에서 학살당한 유대인의 숫자가 2만 명에 가까울 거라 추정합니다.

강가에 놓인 신발은 이 끔찍한 학살극을 기억하기 위해 헝가리 출신의 영화감독 천 토게이와 조각가 줄러 퍼우에르가 2005년에

다뉴브강에 놓인 신발들

제작했습니다. 2차 세계대전 중 80만 명이 넘었던 헝가리 유대인 중 60만 명의 목숨을 빼앗은 사건이기에 총 60켤레의 구두를 만든 거예요. 어린아이부터 노인까지 연령대나 성별에 관계없이 학살당한 이 사건을 기억하기 위해 다양한 크기와 모양의 신발이 놓여 있습니다.

1940년대와 마찬가지로 아름다운 다뉴브강은 여전히 부다페스트를 가르며 흐릅니다. 그러나 주인 잃은 신발은 70여 년 전의 끔찍한 학살을 기억하라는 듯, 덩그러니 놓여 있습니다. 어째서 유대인이 학살의 표적이 된 걸까요? 이 학살의 비극을 따라가다 보면, 악명 높은 독일의 지도자 히틀러를 만나게 됩니다.

유대인 박해는 어디에서 시작되었을까

1934년 콧수염을 기른, 풍부한 표정과 몸짓으로 연설 실력을 뽐내는 인물이 독일의 국가 지도자가 되었습니다. 젊은 시절 화가를 꿈꾸다 정치인으로 변신한 인물, 아돌프 히틀러였습니다. 독일 지도자가 된 그는 단숨에 독일 국민의 마음을 휘어잡았습니다.

독일 대중은 왜 히틀러를 지지했을까요? 당시 독일은 1919년부터 1923년까지 일어난 1차 세계대전에서 패배한 직후였습니다. 때문에 독일 국민은 힘겨운 나날을 보내고 있었어요. 전쟁에서 이긴 영국과 미국, 프랑스 등의 나라는 패전국 독일에 1,320억 마르크를 배상금으로 물어내라고 요구했습니다. 독일 국민이 내는 세금을 쓰지 않고 22년 간 모아야 갚을 수 있는 막대한 금액이었어요. 막대한 배상금과 전쟁 후유증으로 당시 독일 국민들은 빈곤과 실업난에 시달렸습니다.

경제적 불안과 정치적 혼란이 이어지는 상황에서 대중은 어떤 지도자를 원하게 될까요? 이런 상황에서 대중은 삶을 고통에서 행복으로 바꾸어 줄, 강력한 힘을 지닌 지도자를 원합니다. 선하고 리더십이 강한 지도자가 등장하면 좋겠지만, 불행히도 인류의 역사를 되짚어보면 나라가 불안과 혼란 속에 빠졌을 때 나타난 지도자 중에는 독재자가 많았어요.

패전국이었던 독일의 혼란을 틈타 인기를 끈 히틀러 역시 그런 독재자 중 한 명이었습니다. 그는 오랫동안 침체에 빠졌던 독일을 다시 일으켜 세우겠다고 선언했어요. 뿐만 아니라 독일의 주요 인종인 아리아인이 인류 중에서도 가장 우수한 혈통이라 주장했어요. 아리아인이 유럽을 제패하고 세계에 뻗어 나가야 한다고 주장하기도 했지요. 그의 주장은 1차 세계대전 후 독일에서 경제적 몰락을 경험한 중산층의 지지를 얻었어요. 그덕에 히틀러는 국가 사회주의 독일 노동자당, 줄여서 나치당의 지도자가 되었고, 몇 년 뒤 국가원수의 자리에 올랐습니다.

국가 지도자가 된 히틀러는 독일 민족의 우수성을 보여 준다는 명분을 내세우며 전쟁과 학살을 시작했습니다. 히틀러가 이끄는 독일의 나치군이 이웃나라 폴란드를 침공한 1939년에 2차 세계대전이 시작되었어요. 이 사건은 1945년까지 이어지며 인류 역사상 가장 큰 인명과 재산 피해를 낳은 전쟁으로 역사에 남았습니다.

히틀러는 전쟁 이전부터 유대인 박해를 시작했어요. 유대인은 먼 옛날 서남아시아 지방에 살다가 나라를 잃고 1,000년 넘게 유럽을 떠돈, 유대교라는 종교를 믿는 이들을 말합니다. 나라 없이 유랑해 온 이들은 오랫동안 유럽인에게 박해를 받았어요..

히틀러는 독일 내부의 정치적 통합을 위해 유대인을 열등하고 사라져야 할 민족으로 규정했습니다. 원래 외부의 적을 정하고 미위하게 될수록, 집단 내부의 사람들끼리 똘똘 뭉치기 쉬워집니다. 게다가 1차 세계대전 후의 독일은 경제적으로 어렵고 혼란스러운 상황이었습니다. 이런 상황에서 사람들은 탓하고 비난할 대상을 찾기 마련이에요. 역사적으로 이러한 대중의 마음을 이용해 전쟁이나 학살을 일으킨 정치가가 많았는데, 히틀러는 증오의 힘을 이용해 국민을 결속시킨 대표적인 인물이었습니다.

히틀러는 유대인이나 슬라브인, 집시처럼 자신과 '다른 존재'들이 독일의 인종적 통합을 방해한다고 주장했습니다. 그리고 국가의 총통이 된 지 불과 한 달 후인 1933년 1월부터 유대인 박해를 시작했습니다. 당시 유대인이 이끌던 기업은 배척을 받아서 파산했고, 국가기관이나 대학에서 근무하던 유대인은 직장을 잃고 쫓겨났습니다. 수년 동안 유대인들은 재산과 직업을 빼앗기고 각종 권리를 빼앗겼어요. 이 과정에서 미국이나 다른 유럽 국가로 망명한 유대인이 많았습니다.

나치의 만행은 계속되었습니다. 1935년, 결국 유대인에게서 시민권을 빼앗는 '뉘른베르크 법'이 통과되었어요. 2차 세계대전이 시작된 이후 나치는 유대인의 교회와 예배당을 파괴했고, 공립학교에 다닐 권리, 직업을 가질 권리도 빼앗았습니다. 유대인들은 공원이나 도서관에 가는 일상조차 누리지 못하고, 거주 지역인 게토 안에서만 살아야 했어요.

2차 세계대전을 일으킨 이후 히틀러는 독일뿐 아니라 점령한 국가, 영향력을 미치는 나라에서 유대인 박해 정책을 펼쳤습니다. 오스트리아, 체코슬로바키아, 헝가리, 루마니아 등에 살던 유대인도 독일에서와 비슷하게 권리를 빼앗기고 차별받았습니다. 그리고 유대인에게 찾아온 고난의 역사는 거기에서 끝나지 않았습니다.

'인종 청소'라는 끔찍한 말

2차 세계대전이 절정에 이른 1942년, 나치는 새로운 결정을 내립니다. 더 많은 유대인을 괴롭힐 방법을 찾은 것이었어요. 나치는 유대인 학살 수용소를 만들었습니다. 유대인을 대량 학살하거나 강제 노동을 시키기 위해서였어요.

당시 가장 악명 높았던 유대인 학살 수용소는 아우슈비츠라는 곳이었어요. 이 시설은 당시 유대인이 가장 많이 살던 나라, 폴란드 남부의 자그마한 도시에 만들어졌습니다.

유대인들은 유럽 각지에서 강제로 기차에 태워져 그곳에 끌려갔어요. 이들이 도착하면 나치 군의관들이 노동이 가능한 자와 불가능한 자로 분류했습니다. 노동이 불가능한 집단으로 분류된 노인이나 어린이, 임산부, 장애인에게는 곧바로 샤워실로 가라는 명령이 내려졌습니다.

이들이 샤워를 위해 옷과 신발을 벗고 들어간 곳은 사실 가스실이었습니다. 끌려온 사람 중 약 75퍼센트에 이르는 사람들이 '치클론 B'라는 독극물로 만든 가스를 마시고 죽음을 맞았어요. 노동이 가능한 자로 분류된 이들 역시 수용소에서 비참한 강제 노동을 하다가 몸무게가 20~30kg이 될 정도로 허약해져 사망했습니다. 나치당과 히틀러가 '인종 청소'라 부른 학살로 이곳에서만 총 130만 명이 살해된 것으로 추정됩니다.

아우슈비츠에서만 비극이 일어난 건 아니었어요. 유럽 각 지역에 유대인 수용소가 세워졌고, 약 600만 명 가량의 유대인이 나치의 학살로 죽음을 맞았습니다. 이처럼 2차 세계대전 중 나치가 저지른 유대인 대학살을 '홀로코스트'라고 부릅니다. 홀로코스트는 인간의 잔인함과 폭력성, 광기가 어디까지 갈 수 있는지 보여 주는 극단적인 사건으로 기억되고 있습니다.

유대인 학살 현장에 남겨진 10만 켤레의 신발

잔인했던 학살 현장은 한 세기가 지난 지금, 어떻게 바뀌었을까요. 이제 아우슈비츠는 과거를 기억하기 위한 기념관으로 운영되고 있습니다. 비극적 사건을 잊지 않기 위해 전 세계에서 많은 이들이 이곳에 옵니다.

다뉴브 강가에서와 마찬가지로 아우슈비츠 수용소에도 신발이 남아 있습니다. 조형물이 아닌, 이곳에 끌려온 유대인들이 실제 신었던 신발들이지요. 수용소에 보관 중인 신발 총 10만 켤레 중 2만 켤레의 신발이 전시되고 있습니다. 어른의 것으로 보이는 신발부터 두세 살 남짓의 어린아이들이 신었을 것으로 보이는 작은 신발까지 다양한 모양과 크기의 신발이 뒤섞여 있어요. 신발 뿐 아니라 수감되어 있던 이들이 남긴 안경이나 죽은 이들에게서 잘라 낸 머리카락도 남아 있습니다. 이 머리카락은 나치가 가발이나 담요를 만들기 위해 남겨둔 것인데, 그 무게가 3톤이 넘을 정도예요.

아우슈비츠 수용소의 신발들

눈앞에 펼쳐진 거대한 신발 더미를 바라보며 이곳을 찾은 추모객들은 침묵에 빠집니다. 신발은 단순한 사물이 아니라 '이곳에 사람이 있었다'는 존재의 증명과 같으니까요.

옛 소련의 독재자이자 지도자였던 스탈린은 1930년대 "한 사람이 죽었다면 그건 비극이지만, 수백 만 명이 죽었다면 그건 통계 수치일 뿐"이라고 말한 바 있습니다. 당시 소련의 지배 아래 있던 우크라이나에서 엄청난 기근으로 300만 명 이상이 굶주려 사망했을 때 남긴 말이었습니다. 아우슈비츠에 남겨진 수만 켤레의 신발은 우리에게 조용히 말합니다. 인종 청소의 대상이 되어 사라진 유대인 역시 신발을 신고 거리를 거닐던, 평범한 사람들이었다는 사실을 말입니다.

이스라엘-팔레스타인 분쟁

유대인은 유럽에서 오랫동안 박해받았다. 반대로 유대인이 다른 인종을 박해하는 지역이 있다. 바로 중동의 팔레스타인 지역이다.

나라 없이 수만 년을 떠돌며 세계 곳곳에 흩어져 살던 유대인들은 중동에 민족 국가를 건설하는 것을 목표로 삼았다. 그리하여 1948년 조상들이 살던 지역인 중동, 옛 선조의 땅이 있었다고 추정되는 팔레스타인에 이스라엘이라는 유대인 국가를 세웠다. 문제는 이슬람교를 믿는 아랍인들이 이곳에서 오랫동안 살아왔다는 점이다. 유대인과 종교도 민족도 다른 아랍인들은 오랫동안 살아온 땅을 빼앗길 위기에 처했다.

이스라엘 건국에는 영국의 영향도 있었다. 영국은 전쟁에서 이기기 위해 유대인들의 지원을 받아야 했다. 영국은 전쟁에서 이기고 나면 유대인들에게 팔레스타인 땅을 주어 나라를 건설할 수 있게 돕겠다고 약속했다. 그런데 영국은 똑같은 내용의 선언을 아랍인들에게도 했다. 이는 적지 않은 혼란을 불러일으켰다.

이스라엘 건국 후 민족과 종교가 다른 아랍인과 유대인은 끊임없이 충돌했다. 주변 아랍국가들 역시 이스라엘의 건국에 반대했다. 이후 수십 년간 중동 지역에서는 팔레스타인 땅을 차지하기 위한 이스라엘과 아랍 국가들의 전쟁이 벌어졌다. 미국이 이스라엘 편에 서자 승리는 이스라엘에 돌아갔고, 전쟁의 패배를 겪고 땅을 빼앗긴 팔레스타인 사람들은 난민이 되었다. 이들 180만여 명은 가자 지구라는 넓지 않은 땅에 모여 살고 있다. 팔레스타인인이 정치 조직을 만들고 독립운동을 벌인 뒤로 이 지역은 대표적인 분쟁 지역이 되었다, 심지어 이스라엘은 이곳을 총 길이 750km, 높이 8m에 이르는 거대한 장벽으로 둘러싸서 어떤 물품도 들어가지 못하게 통제하고 있다. 이에 세계인의 비난을 받기도 했다.

이렇게 팔레스타인 지역에 국가를 건설하기 위해 유대인들이 일으킨 민족주의 운동과 그 사상을 시오니즘이라 한다. 유대인들이 오랜 역사 동안 고난을 겪었다는 이유로 시오니즘이 정당화될 수 있을까? 팔레스타인 지역의 길고 긴 갈등이 건네는 질문이다.

If you were in my shoes에
숨은 의미

다른 사람의 신발을 신어 본 적이 있나요? 급하게 외출을 해야 해서 아빠의 슬리퍼를 신고 나간다거나 동생의 작은 운동화에 대충 발을 구겨 넣고 잠시 나간 적 있나요? 나 아닌 다른 사람의 신발을 신고 걸으면 '불편하다'는 느낌이 들어요. 이 사람은 이토록 큰, 또는 자그마한 신발을 신고 걸어 다니는구나하고 새삼 신기한 마음이 들기도 하지요.

이렇게 다른 사람의 신발을 신어 본다는 뜻을 가진 영어 표현이 있습니다. 'If I were in your shoes'라는 말이지요. 말뜻 그대로 번역하면 "내가 네 신발을 신어 본다면"이라는 뜻이지만, 사실 더 깊은 의미를 품고 있는 말이에요. "내가 만약 네 입장이 되어 본다면"이라는 뜻의 관용 문구입니다. be in one's shoes라는 표현에서 shoes

는 신발을 뜻하기도 하지만, 누군가의 입장이나 처지를 뜻하기도 합니다. 이 표현을 다양한 상황에 응용해 볼 수도 있습니다. 누군가와 오해가 생겨서 다투다가 "네가 내 입장이 되어 생각해 봐"라고 말하거나, 반대로 내가 어떤 고민이 있을 때 누군가에게 "네가 만약 내 입장이라면 어떻게 행동하겠니?"라는 식으로 조언을 구할 때 쓸 수 있지요.

그렇다면 입장이나 처지를 뜻하는 표현에 shoes, 신발이라는 단어가 들어가는 이유는 무엇 때문일까요? 앞서 살펴본 바대로 신발은 옷과 달리 누군가에게 꼭 들어맞아야 사용할 수 있는 물건입니다. 내 몸보다 크거나 작은 옷을 걸쳐 입고 걸어갈 수는 있지만, 지나치게 큰 신발이나 작은 신발에 발을 억지로 넣고 걷다 보면 불편함을 느끼거나 발에 생채기가 나게 마련이니까요.

앞서 신데렐라 구두 이야기로 신발이 한 사람의 정체성이 될 수 있다고 말했죠? 그러니 다른 사람의 신발을 신어 보는 건 타인의 정체성을 살펴 보는 일과 같아요. 평소에 알지 못했던 타인의 감각과 정서를 잠시나마 느끼는 순간이지요.

또 신발은 그 사람이 살아온 삶을 뜻하기도 해요. 그래서 다른 사람의 신발을 신어 보는 일은 그 사람이 걸어온 인생을 헤아려 본다는 의미도 품고 있습니다. 타인의 신발을 신고 걸어 본다는 건, 생각보다 더 깊은 의미를 담고 있는 말일지 몰라요.

타인의 신발을 신어 본 적 없는 사내

1960년대 아르헨티나에 살던 리카르도 클레멘트라는 남성은 자동차 공장의 기계공이었습니다. 이 남성은 평범하고 성실해 보이는 사람이었어요. 어느 날 이 남성에게 난데없는 일이 벌어졌습니다. 클레멘트는 1960년 5월 퇴근길 버스 정류장에서 이스라엘의 비밀 정보원들에게 체포당한 뒤, 이스라엘에 끌려갔어요. 다음 해 12월, 그는 예루살렘의 법정에 서서 재판을 받는 처지가 됩니다.

어떤 사연이 숨어 있는 걸까요. 사실 클레멘트의 본명은 아돌프 아이히만으로, 독일 나치의 친위대 장교였습니다. 그는 2차 세계대전 중에 유럽 각지에 있는 유대인을 체포하고 강제로 이주시켰습니다. 수백만 명의 유대인을 학살로 몰아넣는 데 커다란 역할을 한 인물이었어요. 독일이 전쟁에서 패배한 뒤, 가족과 함께 아르헨티나로 도망쳐 가짜 이름으로 생활하다, 그를 추적하던 이스라엘의 정보원들에게 붙잡혀 끌려오게 된 거예요. 악명 높은 나치 장교의 재판이 열린다는 소식은 빠르게 퍼졌습니다. 세계의 눈이 쏠린 가운데 아이히만의 죄를 가리는 재판이 열렸습니다. 미국의 잡지《뉴요커》의 요청을 받은 한나 아렌트라는 철학자도 특파원 자격으로 그 재판을 참관했습니다.

한나 아렌트의 말에 따르면 뜻밖에도 아이히만의 인상은 평범했습니다. 뿔 달린 악마나 타고난 악인으로 보이지 않았어요. 아이히만은 지시받은 업무를 제대로 처리하기 위해 열심히 일했을 뿐이며, 남을 해치는 것에 아무 관심이 없었다고 말했습니다. 유대인을 미워하거나 직접 해치지 않은 자신이 무엇을 인정해야 하냐고 말하기도 했지요.

그러나 그가 2차 세계대전 중에 벌인 일은 끔찍했어요. 아이히만은 가스실이 설치된 열차를 고안했습니다. 유대인들이 강제수용소로 옮겨지는 열차를 타면, 그 열차에 가스를 유포해 수백만 명의 사람을 학살하는 계획을 세운 겁니다. 그럼에도 그는 월급을 받으면서 열심히 일했을 뿐이라는 말만 반복했어요.

아이히만은 대체 어떤 인물이었던 걸까요. 이 재판을 끝까지 지켜본 철학자 아렌트는 아이히만에 대해 다음과 같이 말했습니다.

"그는 아주 근면한 인간이다. 그의 근면성 자체는 범죄가 아니다. 그러나 그는 아무 생각이 없었기 때문에 유죄다."

아렌트가 보기에 아이히만은 상관의 명령에 복종했을 뿐인 사내이자 '스스로 생각하는 일'을 하지 못했던 인물이었습니다. 아렌트는 타인의 고통을 헤아릴 줄 모르는 생각의 무능을 이야기했어요. 아렌트에 따르면 아이히만은 수동적으로 명령에 복종할 줄만

알았을 뿐 다른 이들의 고통을 헤아리거나 자신의 행동이 어떤 결과를 불러올 줄 몰랐습니다. 자신만의 생각을 펼칠 줄 몰랐던 것이었지요. 아렌트는 그것을 문제로 지적했습니다. 평범한 사람도 생각하는 능력이 부족하면 악인이 될 수 있다는 말이었지요. 아렌트는 자신의 책 『예루살렘의 아이히만』(한길사, 2006년)에서 이를 '악의 평범성'이라 불렀습니다.

아렌트의 견해에 반대하는 지적도 나왔습니다. 아렌트가 아이히만의 연기에 완전히 속았다는 주장이었어요. 사실 아이히만은 나치의 명령을 수동적으로 따른 사람이 아니라 원래부터 뿌리 깊은 유대인 혐오자였다는 의견도 있었습니다. 다만 재판에서 벌을 덜 받기 위해 평범한 사람처럼 연기했다는 것이지요.

그러나 아이히만이 평범한 사람이 아니었다 해도 아렌트의 생각은 곱씹어 볼 만한 가치가 있습니다. 히틀러와 나치가 잔인한 학살을 저지르고 끔찍한 혐오 사상을 퍼트린 건 사실이지만, 별다른 말없이 동조한 국민들이 있었습니다. 이는 타고난 악인이나 흉포한 범죄자가 아닐지라도 스스로 생각하고 나쁜 생각을 경계하지 않으면 안 된다는 점을 깨닫게 합니다. 타인의 고통을 헤아리려는 노력을 기울이지 않으면 악에 동조할 수 있다는 것. 섬뜩하게 느껴지지만, 한편으로 정신이 번쩍 들게 하는 사실이기도 하지요.

우리는 타인을 얼마나 이해할 수 있을까?

역사 속 여러 사례를 보면 다른 사람의 고통을 헤아리고 공감하는 것이 얼마나 가능할까 의문이 들기도 합니다.

공감에 관한 새로운 의견도 있어요. 과학철학자인 장대익 교수는 『공감의 반경』(바다출판사, 2022년)이라는 책에서 공감의 정도가 문제가 아니라, 공감의 범위가 문제라고 말했습니다. 나치를 따르던 독일인은 자신의 민족이 유대인에게 피해를 입는다고 생각했습니다. 유대인이 자신의 일자리나 소득을 빼앗고, 범죄 행위를 저지른다고 생각하며 분노했죠. 이러한 이유로 나치당은 유대인 부자들의 재산을 빼앗아야 한다고 생각했습니다. 심지어 인종 청소를 해야 한다고 주장했어요. 그들은 유럽에서 오랫동안 박해받고 직업 제한까지 있었던 유대인의 입장에 공감하지는 못했습니다. '우리'가 아닌 '타인'이었기 때문입니다.

스포츠 경기를 보며 같은 팀을 응원하는 사람들, 나와 SNS에서 소통하는 사람들, 같은 고향이나 학교 출신인 사람들끼리는 자연스럽게 연대감이 만들어집니다. 사회학자 윌리엄 그레이엄 섬너는 이러한 집단을 '내집단'이라고 불렀습니다. 우리 학교, 우리 동네, 우리 팀 등 보통 '내집단'이라고 불리는 사람들에게 우리는 쉽게 공감합니다. 소속감을 느끼고 공동체 의식이 생기니 사람들에게 힘을 주지요. 나라는 존재가 그 안에 속해 있으니 안정감을 느낍니다.

그렇지만 '우리'를 강조하는 만큼, 경쟁 팀을 응원하는 사람들, 나의 이웃이 아닌 사람들, 다른 학교 출신 사람 등에게는 이질감을 느끼기 쉬워요. 경쟁심이나 적대감을 가지게 되는 것도 순식간입니다. 내집단의 반대쪽에 서 있는 외집단에 가혹해지는 때가 많지요. 나와 비슷하지 않은 사람에게 공감하지 못하기 때문입니다. 문제는 공감을 못 하는 게 아니라, 나와 가까운 사람에게만 깊게 공감하고, 나와 다른 이들에게는 공감하지 않는 태도일지도 모릅니다.

여기에서 If I were in your shoes라는 말을 다시금 떠올려 볼까요. 나와 가까운 사람, 나와 같은 편인 사람의 신발을 신어보는 건 비교적 쉬운 일이에요. 자라온 환경, 생각의 방향이나 모양이 반드시 나와 같지 않아도, 비슷할 가능성이 높기 때문이에요.

그렇지만 나와 다른 사람의 신발을 신어 보려면 내 신발을 잠시 벗고 타인의 고통을 정면으로 바라볼 용기를 발휘해야 합니다. 타인의 신발에 내 발이 들어맞지 않으니 불편함 역시 감수해야 하죠. 그런 노력과 용기가 없다면 공감의 범위는 좁아지고, 우리는 좁은 세상에서 끊임없이 다투며 살아가야 할지도 모릅니다. 그러지 않으려면 타인을 차별하지 않고 이해하며 따뜻한 세상을 만들어 가야 할 거예요. 성큼 그 사람의 신발에 발을 넣어 보기도 하면서요.

'좋아요'의 시대, 공감한다는 착각

인스타그램이나 페이스북에는 마음 따뜻해지는 버튼이 있다. '좋아요'를 표시하는 하트다. 우리는 매일 '좋아요'나 'Like it'으로 공감을 표현하고 있다. 이 버튼은 나와 같은 의견을 가진 사람에게 공감한다는 뜻, 의견에 동의한다는 뜻을 표시하기도 한다. 그렇다면 우리는 화면속 작은 하트를 누르며 진정한 공감 능력을 발휘하고 있는 걸까?

공감 버튼을 누르는 대상은 주로 나와 친한 사람, 나와 의견이 비슷한 사람인 경우가 많다. SNS나 유튜브는 알고리즘을 통해 나와 가까운 사람의 이야기, 생각이 비슷한 사람들 의견을 많이 불러온다. 나와 다른 견해를 가진 사람들의 게시물이나 영상은 자연스럽게 걸러진다. 내가 좋아하는 정보, 선호하는 의견만 쏙쏙 골라 볼 수 있는 세상에서 우리는 나와 다른 생각을 가진 사람의 의견을 접하기 어려워진다. 『생각 조종자들』(알키, 2011년)이라는 책을 쓴 미국의 사회운동가 엘리 프레이저는 이러한 현상을 '필터 버블'이라고 표현했다. 필터로 걸러진 의견만 듣고 비슷한 사람들이 제공하는 정보나 의견만 접하면서 보이지 않는 거품(버블)에 갇힌다는 의미다. 같은 연예인을 좋아하는 사람들끼리 라이벌 연예인을 모함하는 게시물에 '좋아요' 버튼을 누른다든지, 정치적 의견을 함께하는 사람들이 반대편 정치 집단에 무조건 반대하는 것도 보이지 않는 거품에 갇히기 때문이다.

내가 오늘 SNS나 유튜브에서 '좋아요'를 누른 게시물을 잘 살펴보자. 나는 정말 세상을 넓게 보고 있는 것일까?

혐오하는 마음은
어디에서 시작될까?

코로나19가 전 세계에 영향을 떨친 이후, 미국과 유럽에서는 아시아계 대상 혐오 범죄가 늘었다. 미국의 한 정치 매체는 2020년 미국 내 16개 주요 도시에서 아시아계를 겨냥한 혐오 범죄가 149퍼센트 증가했다고 발표했다. 길거리에서 갑자기 아시아인을 때리거나 욕설을 퍼붓고 '보균자'라고 말하는 등의 혐오 표현도 이어졌다.

인류의 역사에서 이런 일은 여러 번 반복되었다. 중세 유럽에 흑사병이 유행했을 때는 유대인이 공공 우물에 병균을 넣어 전염병을 퍼뜨렸다는 소문이 돌았다. 유럽인들은 몇몇 유대인을 고문해 거짓 자백을 받은 후, 이를 바탕으로 유대인을 박해하고 학살했다. 어째서 전염병이나 재난이 생길 때마다 이렇게 혐오하는 대상이 생기는 걸까.

코로나19가 전 세계로 퍼지던 때, 사람들은 주변에서 또 뉴스에서 죽음의 광경을 목격했다. 사회적 거리두기 때문에 사람을 만나지 못해 불안과 우울을 겪기도 했다. 사람들은 불안하거나 우울한 상황이 되면 생존을 위한 선택을 한다. 오염된 물건이나 사람을 피하고, 낯선 곳에 가지 않는다. 이렇게 적당한 수준의 불안함을 느끼는 건 비교적 자연스러운 일이다. 그렇지만 불안이 적당한 수준을 넘게 되면 부작용을 일으킬 수 있다. 극심해진 불안의 원인을 찾지 못하면 사람은 불안함을 잠재우기 위해 탓할 누군가를 찾기도 한다. 이 과정에서 나와 다르고 낯설어 보이는 존재에게 원인을 돌리고 미워하는 마음을 가지기 쉽다.

혐오에 관한 색다른 의견도 있다. 법철학자이자 정치철학자인 마사 너스바움은 『혐오와 수치심』(민음사, 2015년)이라는 책을 통해 혐오의 마음은 원래 내 안의 것이라고 말한다. 내 안의 어떤 부분을 부끄러워하는 수치심에서부터 혐오가 만들어진다는 것이다. 어릴 때의 우리는 완벽한 자신을 꿈꾼다. 그러나 사실 인간은 누구나 약하고 불완전하며 인생을 완벽히 통제하지 못한다. 신체적으로도 인간은 불완전한 존재다. 배설도 하고 땀도 흘리며 신체적으로 강한 힘을 발휘하지 못할 수도 있다. 이처럼 불완전한 모습에 우리는 수치심을 가지게 된다. 이렇게 나에 대한 수치심이나 불안을 느끼는 것이 괴롭고 두려워 다른 사람들을 '비정상'으로 낙인찍고 자신을 '정상'으로 생각하면서 마음을 안정시키려 한다는 것이다.

2차 세계대전 당시 나치가 행했던 유대인 학살도 이런 관점으로 바라볼 수 있다. 히틀러와 나치는 자신들을 완벽한 민족으로 규정하고, 유대인이나 집시 등을 '비정상' '세상에서 없어져야 할 대상'으로 정해 끔찍한 짓을 저질렀다. 사람을 완벽한 아리아인(독일의 주요 민족)과 더럽고 멀리해야 할 민족으로 나눈 것이다. 너스바움은 당시 독일 민족이 자신들을 불완전하고 약한 존재라는 걸 인정했다면 다른 민족을 나쁘고 오염된 존재라고 생각하지 않았을 것이라 말한다. 또 그는 우리가 스스로의 약하고 불완전한 면을 인정하고 타인에게 수치심을 주지 않는 것이, 혐오를 줄일 수 있는 길이라 이야기한다. 더불어 끔찍한 짓을 저지른 범죄자라 할지라도 그의 잘못된 행동과 존재를 분리해 판단해야 한다고 말한다.

인터넷 세상에서 많은 네티즌이 다른 사람이나 유명인의 잘잘못을 판가름한다. 때로는 그 사람의 행동뿐 아니라 존재 자체가 잘못되었다고 비난하는 일도 일어난다. 도덕적으로 옳고 그름을 가리는 일은 반드시 필요하다. 그렇지만 그 행동을 한 사람의 존재를 부정하고, 가혹한 비난과 비판을 퍼붓는 일은 옳지 못하다. 우리는 스스로 '나는 그 사람과 달리 도덕적으로 실수를 저지르지 않는 완벽한 존재다'라는 착각을 하고 있는 건 아닌지 돌아봐야 할지 모른다. 나의 부끄럽고 허약한 면을 인정하지 않기 위해 바깥으로 시선을 돌리며 누군가를 탓하고 있는 건 아닌지 살펴보려는 노력이 필요하다.

5

신발,

저항의

상징이 되다

미국 대통령 얼굴로
날아든 신발

　만약 여러분이 해외여행을 간다면 '그 나라에서 함부로 해서는 안 되는 행동'을 찾아보는 게 좋아요. 각 나라의 종교나 문화, 법률에 따라 금기시되는 행동이 다르기 때문입니다. 예를 들면 태국에서 아이의 머리를 함부로 쓰다듬어서는 안 됩니다. 태국에서는 사람의 머리를 신성하게 여기기 때문에 다른 사람의 머리를 함부로 만지면 안 돼요. 싱가포르에서는 버스나 지하철에서 음식물을 섭취하면 벌금을 물 수 있습니다. 공공장소를 깨끗하게 유지하는 걸 중요시 하기 때문이에요.

　종교가 일상생활 깊숙이 스며든 이슬람 국가에서는 발을 각별히 신경 써야 합니다. 이슬람 사원에 들어갈 때는 신발을 벗고 들어가는 것이 예의예요. 이슬람 사람과 이야기할 때는 다리를 꼬고 앉아 발을 마구 흔드는 것도 조심할 필요가 있습니다. 신발을 흔들다가 밑바닥을 보여서는 안 돼요. 상대방을 경멸하는 행위로 여겨지거든요.

이렇게 발과 관련된 금기가 많은 이슬람 국가에서 봉변을 당한 미국 대통령이 있었습니다. 미국의 43대 대통령 조지 부시입니다. 2008년, 이라크 바드다드에서 기자회견을 하러 단상에 오른 부시의 얼굴로 난데없이 신발 한 짝이 날아들었습니다. 연이어 다른 신발 한 짝도 날아왔습니다. 신발을 던진 이는 알 자이디라는 이라크 출신 기자였습니다. 그는 신발과 함께 "이라크 사람들이 보내는 선물이자 작별 키스"라는 말과 욕설을 부시에게 날렸지요.

다행히 부시는 잽싼 몸놀림으로 날아드는 신발을 피했습니다. "자유로운 국가 어디에서나 일어날 수 있는 일"이라고 말하며 애써 침착한 미소도 보였습니다. 그러나 신발 투척 사건은 세계에 널리 알려졌고, 부시가 이라크에서 얼마나 조롱받는지 알려지는 계기가 되었어요.

알 자이디 기자가 신발을 던진 이유가 있습니다. 미국이 일으킨 이라크 전쟁 때문이었어요. 2001년 미국은 '9·11테러'를 겪었습니다. 이슬람의 과격 행동 단체가 벌인 사건으로, 자살 폭탄 테러범들이 납치한 미국 여객기가 뉴욕의 고층 빌딩 두 곳에 충돌했지요. 이 일로 수천 명이 목숨을 잃었습니다. 이후 미국은 이 테러의 배후로 아프가니스탄의 탈레반 정부를 겨냥했어요. 그들을 공격하고 해당 세력을 몰아냈습니다. 아프가니스탄을 공격할 당시에는 국제 사회도 미국의 행동을 이해했습니다. 9·11테러로 미국이 입은 고통이 컸기 때문입니다.

문제는 그 뒤 2003년 3월에 벌어졌습니다. 미국은 이라크의 수도 바그다드를 공격하며 새로운 전쟁을 시작했어요. 당시 이라크는 독재자였던 사담 후세인이 오랫동안 독재를 해 온 나라였습니다. 부시는 사담 후세인이 이슬람의 테러 조직을 지원하는 게 문제라고 지적했습니다. 화학무기와 핵무기 등 위험한 대량 살상 무기를 개발해 전 세계의 평화를 위협하고 세계 질서를 어지럽히고 있으니 이를 막아야 한다고 말했지요. 미국은 이를 명분으로 내세워 이라크를 침공했고, 한 달 만에 승리를 거두었습니다. 사담 후세인 역시 오랜 독재를 끝내고 대통령 자리에서 쫓겨나 사형당했습니다.

그럴듯한 이유를 둘러대긴 했지만, 따지고 보면 부시 정부의 이야기를 뒷받침할 명분은 없었습니다. 미국이 이라크를 침공할 당시, 이라크가 알카에다를 비롯한 테러 조직과 관련이 되어 있다는 뚜렷한 증거가 없었거든요. 전쟁이 끝난 후에 이라크에서 대량 살상 무기가 발견된 것도 아니었습니다.

이라크 전쟁 중에 미국은 충격과 공포를 준다며 주요 도시에 대규모 공습 작전을 펼쳤습니다. 첨단 무기를 동원해 도시를 공격했는데, 실수로 민간 지역에 공격이 가해지기도 했습니다. 이 과정에서 민간인이 죽고 다치자 세계적으로 전쟁에 반대하는 여론이 커졌습니다. 독재자 사담 후세인이 쫓겨난 건 긍정적으로 볼 만한 일이었지만, 이후 이라크의 상황은 마냥 좋지만은 않았습니다. 여전히 다양한 정치 종파 간 갈등 문제로 나라의 안정을 찾기 어려웠거든요. 더군다나 전쟁으로 산업 시설이나 주요 도시가 파괴되었고, 이 피해는 고스란히 이라크 국민에게 돌아갔습니다. 이런 상황에서 미국이 이라크를 공격한 이유가, 이라크가 가진 원유를 확보하기 위해서 아니냐는 의혹도 떠돌았습니다.

신발을 던진 기자는 부시와 미국 정부가 부당하게 이라크 전쟁을 일으켰다고 생각해 그 항의 표시로 신발을 던진 것이었습니다. 그는 신발을 던지면서 "전쟁으로 남편을 잃은 여인들, 고아들, 목숨을 잃은 이들이 보낸 신발이다."라는 말도 덧붙였습니다. 명분 없이 이라크 전쟁을 일으킨 부시에 대한 반감이 숨어 있었던 것이지요. 이라크에서 '가장 낮은 것'으로 여기는 신발을 던져 부시의 체면을 훼손하려는 의도도 있었습니다.

이 사건이 일어난 후로 세계인은 미국 정부와 이라크 전쟁을 다시 생각해 보게 되었습니다. 한 명의 기자가 던진 신발 한 짝이 많은 사람에게 질문을 던진 것이에요.

이슬람 국가에서 신발이 의미하는 것

이슬람에서 발과 신발은 경멸의 의미를 담고 있습니다. 발이 신체의 가장 밑바닥에 있고 더러운 곳을 밟는다는 이유 때문입니다. 이슬람 사람은 신발을 하찮고 더럽고 불경한 것으로 여깁니다. 그래서 발이나 신발과 관련된 금기 사항이 많습니다. 이슬람의 사원인 모스크에 들어가기 전, 신발을 벗고 발을 씻는 문화도 이런 생각과 관련이 있습니다.

이슬람 문화를 이해하지 못했다가 봉변을 당한 기업도 있었습니다. 스포츠 브랜드 푸마가 그 주인공입니다. 푸마는 2011년 아랍에미리트 독립 40주년을 기념해 한정판 운동화를 출시했습니다. 아

사원 앞에서 발을 씻는 이슬람 문화

랍에미리트 국기 문양이 들어간 운동화였습니다. 그러나 하찮게 여겨지는 신발에 나라를 상징하는 국기 모양을 넣은 건 이슬람 문화에서 국가 모독으로 받아들여졌습니다. 아랍에미리트인들의 거센 항의에 부딪힌 푸마는 결국 한정판 운동화를 전량 회수했습니다.

2019년 나이키 역시 비슷한 항의를 받았습니다. 에어맥스 270이라는 나이키 운동화 바닥에는 커다란 문자가 새겨져 있었는데, 이 글자는 이슬람의 신 '알라'를 뜻하는 문자와 비슷해 보였습니다. 이에 한 이슬람인이 인터넷에 청원을 올렸습니다. 그는 "신발에 신의 이름을 새긴 것은, 알라를 짓밟고 발로 차고 진흙과 오물에 더럽혀지게 만드는 끔찍한 일"이라고 지적했지요. 그는 이 불경스럽고 불쾌한 신발을 전량 회수하라고 주장했어요. 나이키는 이 글자가 에어맥스라는 상표를 형상화한 것이라고 말했지만, 항의는 줄어들지 않았습니다.

한편 이슬람교도들의 항의가 지나치고 예민하다는 지적도 있었습니다. 나이키와 푸마가 겪은 일이 이슬람교를 믿는 사람들의 과도한 예민함에서 비롯되었다는 의견이에요. 이슬람의 문화를 충분히 이해하지 못한 글로벌 기업의 실수라는 의견도 있습니다. 그러나 한 가지 확실한 것은 기업이 상품을 판매할 때 해당 국가의 문화가 큰 영향을 미친다는 사실입니다. 신발이라는 작은 물건이 한 나라의 문화를 지키는 중요한 물건이 되기도 하지요.

이슬람 국가에서는 왜
돼지고기를 먹지 않을까

1990년대 말, 우리나라의 〈날아라 슈퍼보드〉라는 애니메이션이 이슬람 국가로 수출되려다 무산된 적이 있다. 이 만화가 중동에서 거부당한 이유는 무엇이었을까? 바로 만화 속 캐릭터 저팔계 때문이었다. 이슬람 국가에서 먹지 않는 돼지가 주요한 캐릭터로 등장하니 이슬람 방송 관계자들이 손을 내저었다고 한다.

앞서 살펴본 신발에 관한 금기 외에도 이슬람에는 돼지고기를 먹지 않는 금기가 있다. 마트에서 돼지고기는 물론 돼지고기를 이용한 햄도 팔지 않는다. 수많은 고기 중에서도 하필 돼지고기를 금기시하는 이유는 무엇일까?

가장 큰 이유는 종교 때문이다. 이슬람교의 경전인 쿠란에는 "죽은 고기와 피와 돼지고기를 먹지 말라"라는 구절이 등장한다. 이에 이슬람 사람들은 돼지고기를 먹지 않는다. 반면 이런 금기가 이슬람의 자연환경과 관련되어 있다고 주장하는 사람도 있다. 돼지고기는 다른 동물에 비해 지방질이 많고 병원균을 많이 가지고 있는 동물이다. 돼지고기는 자연 상태에서 쉽게 부패하고 잘 건조되지 않는다. 이슬람에서 선호하는 낙타의 경우에는 한 마리를 잡으면 적어도 200킬로그램 정도의 고기가 나오고, 건조하기도 좋다. 옛날 이슬람 사람들은 사막을 횡단하면서 훈제 고기나 육포를 만들어 수개월을 버텼는데, 낙타 고기에 비해 돼지고기는 유용성이 떨어졌다. 그뿐 아니라 돼지는 새끼에게 젖을 주고 나면 인간에게 나누어 줄 젖이 없어 우유나 치즈를 만들어 먹을 수도 없었다. 사막을 지날 때 낙타처럼 탈 수도 없었다. 이슬람에서 돼지고기를 금지하는 데에는 다양한 이유가 있지만, 이처럼 건조한 사막기후의 특성과 유목민의 삶에 적합하지 않다는 뒷배경이 주요했다.

간디가 신발 한 짝을
마저 버린 이유

길을 급하게 걷다가 신발 한 짝이 벗겨진 적 있나요? 대부분의 사람은 벗겨진 신발을 다시 신고 발걸음을 옮깁니다.

이따금 보통의 사람과 정반대의 행동을 하는 사람이 있습니다. 기차역에서 막 출발하려는 기차에 급히 올라탄 한 남성, 다급한 발걸음 때문인지 신발 한 짝이 플랫폼 바닥으로 떨어졌습니다. 이때 남성은 빠르게 자신이 신고 있던 나머지 신발을 벗어 떨어진 신발 옆에 던졌습니다. 동행하던 사람들은 그의 행동에 놀라, 어째서 나머지 신발 한 짝까지 벗어던졌는지 물었죠. 남성은 대답했습니다. "가난한 사람이 바닥에 떨어진 신발을 한 짝만 줍는다면 아무런 쓸모가 없습니다. 하지만 이제 나머지 한 짝마저 가질 수 있게 되지 않았습니까."

미국에서 한 때 베스트셀러를 기록했던 『마음을 열어주는 101가지 이야기』(인빅투스, 2012년)라는 책에 등장하는 유명한 일화입니다. 가슴 따뜻해지는 이 이야기의 주인공은 마하트마 간디로, 인도가 식민 지배를 받을 때 독립운동을 이끌었던 민족 지도자입니다.

원래 그의 이름은 모한다스 카람찬드 간디(Mohandas Karamchand Gandhi)이지만, 인도의 시인 타고르가 지어준 마하트마, 즉 위대한 영혼이라는 뜻을 가진 이름이 우리에게 더 익숙합니다. 동그란 안경과 인도 고유의 의상을 걸친 모습이 간디를 이야기할 때마다 떠오르는 모습이지요. 간디는 독립운동에 몸을 바친 이후로 인도의 국민과 함께하고 독립을 바란다는 뜻에서 인도의 전통 의상을 즐겨 입고 검소한 생활을 했어요.

놀랍게도 그의 옷은 자신이 직접 만든 것이었습니다. 간디는 날마다 30분씩 물레를 직접 돌리면서 옷을 만들었거든요. 이런 행동을 한 이유는 영국이 인도를 착취했기 때문입니다. 당시 영국인들은 식민지 인도에서 많이 나는 목화를 헐값에 사들였어요. 이를 영국에서 면직물로 만들어 인도에 다시 터무니없이 높은 값으로 되팔았지요. 영국은 '신사의 나라'로 알려져 있으나, 과거 제국주의 시대 영국은 신사답지 않은 방식으로 식민지에 불공정한 거래를 강요하고는 했어요.

간디는 이런 영국 사람들에게 항의하기 위해 소리 높여 싸우거나 몸을 부딪히며 싸우지 않았습니다. 대신 인도인들에게 전통 의상을 직접 만들어 입자고 권유했습니다. 그 본보기를 보여 주기 위해 물레를 돌려 옷을 만들어 입은 것이지요.

간디의 샌들에 담긴 정신

물레 이야기에서 알 수 있듯 간디는 영국에 대항할 때 폭력을 사용하지 않았습니다. 영국인이 인도인에게 생산한 소금만 먹도록 강요하고 그에 관한 세금을 내게 하자, 간디는 염전이 있는 바닷가까지 사람들을 이끌고 행진했습니다. 영국의 명령에 협조하지 않겠다는 의지를 보여 주고자 기나긴 길을 걸었던 것이지요. 폭력을 쓰지 않고, 복종하지 않는다는 뜻의 '비폭력. 무저항. 불복종'의 철학을 읽을 수 있습니다.

인도 전통 의상을 입고 지팡이를 짚은 채 빠른 걸음으로 행진하는 그의 뒤를 수많은 인도인이 따랐습니다. 앞장선 간디가 신은 건 간편한 신발이었습니다. 채펄(Chappel)이라 불리는 인도 고유의 가죽 샌들이었지요. 평평한 밑창에 엄지발가락을 감싸는 끈이 전부인 신발인데, 그 모습이 현재도 많은 사람이 신는 플립플롭(Flipflop)

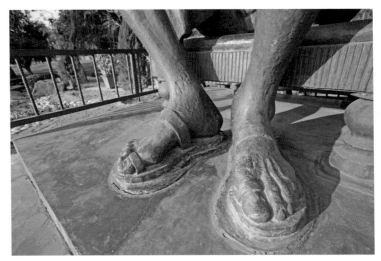
채펄을 신은 간디의 동상

이라는 신발과 닮았습니다. 인도의 뜨거운 땅 위를 걸어 다니기에 편리해서, 3세기경부터 인도에서 사랑받은 신발이지요.

이 신발은 인도 전통 의상과 함께 간디의 검소한 정신, 애국심을 상징하는 트레이드 마크가 되었습니다. 간디는 이 가죽 샌들을 직접 만들며 영국의 식민지 착취에 대항했습니다. 공장에서 대량생산하는 신발이 아니라, 수공업을 통해 만드는 이 신발로 인도인들은 새로운 수입을 얻을 수 있었어요.

인도 국민과 희노애락을 함께하며 민족의 독립을 이끈 간디의 신발. 화려한 장식이나 근사한 모양은 아니지만, 간디의 삶과 철학을 잘 나타내는 신발이라 볼 수 있습니다.

인도의 샌들을 재유행시킨 히피들

간디가 태어난 지 약 100년 후, 그의 가죽 샌들은 의외의 장소에서 사랑받았습니다. 1970년대 미국과 유럽에서 수제 채펄이 인기를 끌었거든요. 이 유행을 이끈 건 히피들이었습니다. 히피란 1960년대 이후 미국과 유럽에서 비폭력과 평화주의, 자연으로 돌아가자는 주장을 펼치던 청년들을 말합니다. 히피들은 당시 미국이 베트남전쟁에 명분 없이 참여한 것에 반대하며 반전운동을 벌이기도 했습니다. 미국 국민의 안전을 위협하지 않았을 뿐만 아니라 영토를 침략하지도 않았지만, 공산주의를 무찌르겠다는 이유로 미국이 참전하여 전쟁의 피해가 더욱 커졌거든요. 히피들은 전쟁과 물질문명, 대량생산을 비판하며 인간성을 회복하자고 주장했습니다. 그에 어울리게 이들이 추구하던 패션은 자연스럽게 기른 장발, 아메리카 원주민 스타일의 꽃무늬 옷 등이었습니다.

독특하고 자연스러운 패션을 추구한 1970년대의 젊은이들에게 인도의 채펄은 눈에 띄었어요. 히피들의 정신을 잘 표현하는 신발이었지요. 이 덕에 인도의 수제 채펄 가게들은 많은 수입을 얻었습니다.

채펄은 화려하지 않은 한 켤레의 신발일 뿐이지만, 그것을 신는 사람의 정신을 널리 알리는 힘을 지니고 있었습니다. 간디의 검소

함과 애국심, 히피들의 자연스러운 삶과 폭력에 저항하는 정신이
이 신발에 담겨 있습니다.

올림픽 메달리스트가
신발을 신지 않고 시상대에 선 이유

1968년 멕시코 올림픽 남자 육상 200m 경기 시상식에서 두 남성이 갑자기 주먹을 치켜들었다. 시상대 위 금메달과 동메달 자리에 선 두 남성은 검은 장갑을 끼고 있었다. 또 하나 눈길을 끈 것은 두 사람의 발이었다. 그들은 신발을 벗고 검은색 양말만 신고 있었다.

사진 속 두 선수는 당시 남성 육상 경기에서 각각 금메달과 동메달을 딴 토미 스미스와 존 카를로스였다. 두 흑인 선수는 올림픽 메달을 수여하는 시상식에서 당시 심각했던 인종차별에 항의하기 위해 이 퍼포먼스를 벌였다. 1964년까지 미국 남부 11개 주에서 흑인은 화장실이나 극장, 버스 등에서 백인과 분리된 공간을 써야 했다. 이러한 차별은 오랫동안 이어진 흑인의 민권운동으로 사라져 갔지만, 여전히 사회·경제적 차별이 남아 있었다. 당시 미국의 소비자금융조사 자료에 따르면 1968년 흑인과 백인 중산층 가구 평균 자산은 10배 정도 차이가 났다. 눈에 보이는 차별은 점차 사라지고 있었지만, 보이지 않는 두터운 벽이 존재하고 있던 것이다.

미국의 흑인 육상 선수 스미스와 카를로스는 이처럼 사회에 만연한 인종차별에 항의하기 위해 미리 시상대에서 할 행동을 준비했다. 두 선수가 착용한 검은 장갑과 양말도 이러한 정치적 의견을 전달하려 준비한 것이었다. 검은 장갑은 흑인의 힘을 상징했고, 검정 양말은 인종차별로 벌어진 빈부 격차를 의미했다.

　　이후 두 선수는 정치적 행위를 인정하지 않는 올림픽 정신에 어긋난다는 이유로 메달을 박탈당했으며, 선수 자격을 정지당하기도 했다. 미국의 어두운 면을 들춰냈다는 이유로 오랫동안 살해 위협에 시달리기까지 했다. 그러나 자신들의 의견을 공식적으로 표현하기 어려웠던 흑인들에게 이 퍼포먼스는 뜻깊은 행위였다. 검은 장갑과 치켜든 손, 그리고 검정 양말만 신겨진 발은 그들의 소리 없는 외침을 전했다.

1987년 청년의 운동화,
되살아나다

〈1987〉은 1980년대 민주 항쟁을 다룬 영화입니다. 이 영화를 보면, 주인공 연희가 거리 시위 현장에서 한 청년을 만나는 장면이 등장해요. 시위 현장에서 연희를 구해 준 청년은 혼란한 상황 속에 신발을 잃어버리고, 연희는 그에게 급하게 운동화 한 켤레를 사 주고 두 사람은 헤어집니다. 청년이 얻어 신은 신발은 '타이거'라는 브랜드의 운동화. 타이거는 실제 1980년대 인기를 끌던 신발 브랜드였습니다.

영화 속 주인공 연희는 허구의 인물입니다. 두 사람의 짧은 만남과 인연도 상상으로 지어낸 이야기지요. 그렇지만 타이거 운동화를 신었던 청년은 당시 거리 시위 현장에 있던 실존 인물입니다. 1987년 6월 9일, 시위 현장에서 경찰이 쏜 최루탄에 맞아 쓰러진

20세 청년의 이름은 이한열이었습니다.

영화 〈1987〉의 배경인 6월 민주 항쟁은 민주화를 위해 시민들이 거리로 나섰던 대표적인 사건입니다. 당시 우리나라는 오랜 기간 전두환이 이끄는 독재 정부 아래 있었습니다. 전두환은 국민이 직접 투표로 뽑은 국가 지도자가 아니었습니다. 1979년 12월 12일 쿠데타로 정권을 잡아 체육관에서 대통령이 된 인물이었어요. '체육관 대통령'이라는 별명이 낯설게 느껴지지요? 당시 우리나라의 헌법에 따르면 지금처럼 국민의 직접선거로 대통령을 뽑지 않아도 되었습니다. '통일주체국민회의'라는 기관에 모인 2,500여 명의 사람들만으로 대통령을 뽑을 수 있었습니다. 이 기관은 조국의 평화적 통일을 추진한다는 명분으로 대통령의 독재를 도왔습니다. 1980년 8월 27일, 전두환은 통일주체국민회의에 모인 2,525명에게 2,524표를 얻어 99.9퍼센트의 압도적인 득표율로 당선되었습니다. 반대표를 던질 만한 분위기가 아니었음을 짐작할 수 있어요.

부당한 방법으로 정치권력을 잡은 대통령에 대항하는 사람들도 있었습니다. 1980년 5월 광주 시민의 5.18 민주화 운동도 그러한 움직임이었죠. 그러나 당시 전두환, 노태우를 비롯한 군 사령부는 특전사 부대를 풀어 시민들에게 총을 쏘았습니다. 수천 명의 시민이 학살당하고 가족을 잃었어요.

그럼에도 대학생과 시민의 시위는 1980년대 내내 이어졌습니다. 전두환 정권은 폭력적인 방법으로 시위를 진압하며 7년간 정권을 이어갔습니다.

청년 이한열, 최루탄을 맞고 쓰러지다

민주화 운동이 이어지던 1987년 4월 13일, 전두환 대통령의 특별 담화가 열렸습니다. 다음 대통령 선거 때에도 간접 선거 방식으로 대통령을 선출하겠다는 이야기였습니다. 다음 대통령 선거인 1988년 2월에는 정권을 후임자에게 넘기겠다는 내용도 덧붙였지만, 실은 다른 속내가 숨어 있는 발표였습니다. 자신이 지목한 후보를 통해 권력을 이어 나가겠다는 뜻과 같았으니까요. 정부는 당시 전두환 대통령의 담화를, 헌법을 보호한다는 의미로 '4.13 호헌'이라고 불렀습니다. 대통령을 직접선거로 뽑아야 한다고 주장하던 시민의 의견을 묵살하는 발표였지요.

시민들은 부당한 발표에 대항했습니다. '호헌 철폐'와 '전두환 퇴진'을 외치며 거리로 나왔습니다. 이전까지 일어난 시위는 대학생이나 지식인들이 주도했지만, 1987년 6월에는 달랐습니다. 학생뿐 아니라 직장인, 교수 등 각계각층이 모인 시위가 들불처럼 번져

나갔어요.

　운명의 1987년 6월 9일, 연세대학교 정문 앞에서 100여 명의 학생이 시위를 벌이고 있었습니다. 경찰은 시위를 진압하기 위해 학생들에게 최루탄을 쐈습니다. 시위대를 향해 최루탄을 발사하려면 '허공을 향해 45도로 발사해야 한다'는 원칙을 지켜야 했지만, 경찰은 원칙을 어기고 학생들을 향해 최루탄을 쏘았습니다. 이 최루탄에 맞아 한 학생이 쓰러졌습니다. 연세대학교 2학년생 이한열이었습니다. 이 장면은 미국의 로이터 통신 기자의 보도로 세계에 널리 알려졌습니다.

　스무 살 청년이 민주화 운동을 벌이다 최루탄을 맞았다는 소식에 국민의 분노는 더욱 커졌습니다. 이한열이 쓰러진 6월 10일부터 29일까지 약 20일 동안 전국에서 100만 명 넘는 사람이 민주화를 외치며 거리로 쏟아져 나왔습니다. 시위가 워낙 거세게 이어져서인지 전두환 군사정권도 물러날 수밖에 없었습니다. 전두환 대통령은 6.29 선언을 통해 기존의 부당한 헌법을 고치겠다고 발표했죠. 이한열 열사의 피격 사건이 6월 항쟁을 전 국민에게 확산시키는 중요한 계기가 된 겁니다.

　최루탄에 쓰러진 이한열 열사는 어떻게 되었을까요? 그는 의식을 잃고 27일간 혼수상태로 사경을 헤매다 결국 1987년 7월 5일 세상을 떠났습니다. 그의 장례식은 민주 국민장으로 치러졌어요.

그가 광주에 있는 묘로 옮겨지는 길에는 총 160만의 추모 인파가 모여 20대 청년의 마지막을 기렸습니다.

낡은 운동화를 되살린 이유

이한열 열사가 쓰러진 자리에 남은 것이 있었습니다. 운동화 한 짝이었어요. 최루탄을 맞고 의식을 잃어가던 이한열을 옮기는 과정에서, 그의 신발 양쪽이 벗겨졌습니다. 최루탄 연기가 자욱하던 그곳에서 오른쪽 신발 한 짝을 연세대 선배 이정희가 발견합니다. 이정희는 이 신발을 이한열 열사의 가족에게 전달해 주었습니다.

이한열 열사가 숨진 뒤, 270mm의 회색 타이거 운동화는 영영 주인을 잃었습니다. 그의 학교 근처에는 이한열 기념관이 세워졌습니다. 이한열의 어머니가 국가에서 받은 배상금으로 터를 마련하고 시민의 성금을 보태 2004년 세운 건물입니다. 운동화도 이곳에 전시되었지만, 수십 년의 세월이 흘러 손상된 상태였습니다. 특히 폴리우레탄으로 만든 뒤축이 완전히 망가졌습니다. 100여 조각으로 산산이 부서진 뒤축은 손으로 집으면 바스러질 만큼 심각한 상태였어요. 유품인 운동화를 보관하던 이한열 기념관 측은 망가진 신발을 복원하기로 결정했습니다. 2015년 미술 복원가인 김겸 박사에게 특별한 의뢰를 했지요.

김겸 박사는 3개월 동안 운동화의 부서진 조각들을 굳히고, 운동화 밑바닥 패턴을 맞추기 위해 세심한 노력을 기울였습니다. 이 신발을 만들던 회사가 1990년 폐업했기에 다른 타이거 운동화 밑창으로 대체할 수도 없었어요.

다행히 김겸 복원가는 미술품을 복원하듯 섬세하고 조심스러운 손길로 신발 밑창을 복원했습니다. 합성피혁 신발 가죽은 특수한 도료를 발라 코팅했습니다. 복원가의 정성스런 손길을 거쳐 본래의 모습을 되찾은 신발은 현재 이한열 기념관에 전시되고 있습니다.

누군가는 의아할 수도 있습니다. 고가의 미술품이나 수백 년 된 유물도 아닌, 개인의 신발 한 켤레를 되살리는 데 이토록 길고 지난한 과정을 거쳐야 하냐고 물을 수도 있어요.

그러나 한 켤레의 운동화일지라도 역사적인 흔적은 사람들의 기억을 되살립니다. 독재정치에 대항해 민주화 운동이 일어난 지 수십여 년이 흐른 지금, 당시의 사건은 서서히 희미해지고 있습니다. 시간이 지나 흔적이 옅어질수록 우리는 저절로 민주화가 이루어졌다고 생각할 수도 있어요. 그래서 과거의 흔적을 되살리는 일은 중요합니다. 옅어진 기억을 생생하게 되살리니까요. 이런 면에서 복원된 이한열 열사의 운동화는 단순한 신발 이상의 의미를 품고 있습니다.

역사의 산증인으로 새롭게 태어난 이한열 열사의 운동화는 과거를 얼마나 기억하고 있는지, 세상의 발걸음이 좋은 길로 향하고 있는지 우리에게 묻습니다. 세상을 올바르게 바꾸려 했던 한 청년의 발자국을 통해서 말이에요.

1987년 민주 항쟁의 불씨를 지핀
또 다른 청년의 죽음

이한열 열사의 죽음 몇 달 전, 6월 민주 항쟁에 불씨를 지핀 한 청년의 죽음이 있었다. 박종철이라는 스무 살 청년의 죽음이었다.

1987년 1월, 시위를 하다 끌려간 대학생 박종철은 경찰 조사를 받다가 숨을 거두고 만다. 처음에 경찰은 갑작스러운 쇼크로 박종철이 사망했다고 발표했다. "(책상을) 탁 하고 치니 억 하고 죽었다"라는 어처구니없는 이유를 내놓기도 했다.

그러나 박종철의 부검을 맡았던 의사와 언론의 용기 있는 발표로 진실이 밝혀졌다. 박종철이 쇼크사한 게 아니라, 경찰의 물고문으로 사망했다는 사실이 드러난 것이다. 결국 사건 5일 만에 경찰은 물고문이 있었음을 공식 시인하였다. 사건의 진상 일부가 밝혀지자 국민의 분노가 들끓었고 곧 대대적인 시위가 이어졌다. 전두환 정권은 거리로 나선 시민을 강제로 해산시켰다. 그러나 이 사건은 전두환 대통령의 4.13 호헌 조치로 이어졌고, 5월 18일 천주교 정의구현사제단이 경찰의 박종철의 고문 치사 사건 은폐 시도를 폭로했다. 이 폭로로 민주화 시위는 범국민적 운동이 되었고 결국 전두환 군사정권은 독재를 멈출 수밖에 없었다.

신발은 왜
저항의 상징이 되었을까?

2015년 파리 광장에 2만 켤레의 신발이 놓였다. 기후변화를 막기 위해 유엔기후변화협약이 열린 후, 세계 주요 도시에서 수십만 명의 사람이 기후변화에 맞서자는 의미의 시위를 계획했다. 그러나 프랑스 정부는 파리에서의 시위와 행진을 금지했다. 얼마 전 일어난 테러 때문이었다. 이 때문에 환경 운동가들은 정부의 조치에 항의하는 뜻에서 광장에 신발을 전시했다. 이 신발 중에는 프란치스코 교황이 보내온 신발과 반기문 유엔 사무총장의 운동화도 있었다.

저항의 의미로 신발을 사용하는 모습은 세계 곳곳에서 볼 수 있다. 2017년 미국에서는 도널드 트럼프 대통령이 등록되지 않은 이주자를 사설 감옥에 수감하는 등 미국으로의 이민을 막는 정책을 실시하자, 이에 항의하는 의미로 여러 종류의 주인 없는 신발이 줄지어 놓였다. 이 주인 없는 신발들은 가족과 이웃을 잃고 사설 감옥에 갇힌 이민자를 상징하는 것이었다.

신발은 어째서 저항의 표시로 자주 사용될까? 오래전부터 서구에서는 신발이 저항을 상징했다. 사보타주(Sabotage)라는 말이 있다. 노동자들이 부당한 노동 조건이나 임금에 항의하기 위해 공장 설비를 파괴해 생산을 멈추는 걸 의미한다. 이 단어의 기원을 거슬러 올라가보면 사보(Sabot)라는 나막신이 등장한다. 사보는 고대 로마시대 하층민이 신은 신발이다. 유럽에서는 특히 프랑스·네덜란드·벨기에 등지에 사는 농민이 이 무거운 작업용 신발을 신었다. 이후 중세 유럽 농민도 이 나막신을 신으며 일을 했다.

농민의 신발은 왜 저항의 상징이 되었을까? 중세 유럽 영주는 농민에게 부당한 지시를 내리거나 세금을 과도하게 걷었다. 농민들은 이에 대항해 수확물을 사보로 짓밟고는 했다. 19세기에는 프랑스 노동자들이 자신들의 나막신을 기계에 던져 생산 설비의 작동을 중단시키기도 했다. 이 말로부터 노동자의 저항을 의미하는 사보타주라는 말이 등장한 것이다.

신발은 때로 한 사람의 존재, 정체성을 의미하기도 한다. 이한열 열사의 신발처럼 말이다. 2020년 3월 멕시코 수도에 위치한 소칼로 광장에는 하이힐과 단화 등 수백 켤레의 빨간 신발이 놓였다. 주인 없이 놓인 이 신발들은 멕시코에서 일어나는 성범죄와 살해에 항의하고, 경각심을 높이기 위해 사람들이 가져다 놓은 것이었다. 범죄 피해자를 상징하는 신발을 놓아 사람들이 인권침해에 관심을 가지고 정의를 추구하길 바란

것이다. 대다수의 사람은 광장에 늘어선 신발을 단순한 사물로 보지 않는다. 살아 있던 사람의 모습을 그리며 그의 삶을 상상해 본다. 그렇기에 신발은 저항, 추모, 누군가의 외침을 대변하는 물건으로 자주 쓰인다.

사진 출처

- Wikipedia

  12쪽, 26쪽, 31쪽, 43쪽, 44쪽, 60쪽, 69쪽, 78쪽, 80쪽, 103쪽, 112쪽, 117쪽, 138쪽, 139쪽, 154쪽

- Shutterstock

  84쪽, 87쪽, 98쪽, 99쪽, 116쪽, 122쪽, 148쪽, 177쪽, 184쪽

참고 문헌

- 탠시 E. 호스킨스, 『풋 워크』, 김지은 옮김, 소소의책, 2022.
- 아드리안 쿠퍼, 『세상에 대하여 우리가 더 잘 알아야 할 교양 1: 공정무역 왜 필요할까?』, 전국사회교사모임 옮김, 내인생의책, 2010.
- 장 지글러, 『왜 세계의 절반은 굶주리는가?』, 유영미 옮김, 갈라파고스, 2016.
- 전국역사교사모임, 『살아있는 세계사 교과서2』, 휴머니스트, 2005.
- 앤서니 기든스·필립 서튼, 『현대사회학』, 김미숙·김용학 옮김, 을유문화사, 2018.
- 엘리자베스 세멀핵, 『신발, 스타일의 문화사』, 황희경 옮김, 아날로그, 2021.
- 장한업, 『단어로 읽는 5분 세계사』, 글담, 2016.
- 하마모토 다카시, 『신데렐라 내러티브』, 박정연 옮김, 효형출판, 2022.
- 이윤기, 『이윤기의 그리스 로마 신화1』, 웅진지식하우스, 2000.
- 볼프강 하펜마이어, 요안나 슈테판스카, 『가슴 뛰는 삶의 이력서로 다시 써라』, 김요한 옮김, 바다출판사, 2017.
- 류지한 외 8명, 『윤리와사상』 교과서, 비상교육, 2015.
- 황수아, 『하이데거, 어린 왕자를 만나다』, 탐, 2017.
- 이원복, 『21세기 먼나라 이웃나라 1』, 김영사, 2002.
- 알도 레오폴드, 『모래 군의 열두 달』, 송명규 옮김, 따님, 2000.
- 마사 누스바움, 『혐오와 수치심』, 조계원 옮김, 민음사, 2015.
- 한나 아렌트, 『예루살렘의 아이히만』, 김선욱 옮김, 한길사, 2006.
- 이영숙, 『식탁 위의 세계사』, 창비, 2012.
- 이희수, 『이희수 교수의 이슬람』, 청아출판사, 2011.
- 유시춘, 『6월 민주항쟁』, 민주화운동기념사업회, 2015.
- 강혜미 외 8인, 『교실에서 세계시민 되기』, 창비, 2022.
- 박창호, 「소비주의 사회와 인터넷 소비의 문화 지형」, 《현상과 인식》 통권 105호, 2008.

· 이의정, 「서양신발의 변천과정에 관한 연구 – 중세~근대를 중심으로」, 《한국의상디자인학회지》 13권, 2011.

· 김미경·이은주, 「조선시대 공신초상(功臣肖像)의 관복(제1기) 고찰」, 《문화재》 통권 88호, 2020.

· 배수정, 「요하네스 베르메르의 작품을 통해 본 17세기 네덜란드 여성 시민복과 시민문화」, 《패션 비즈니스》 통권 91호 pp, 2013.

· 김진홍·조우현, 「『세종실록(世宗實錄)』, 「오례(五禮)」에 기록된 배표의 절차와 복식 연구」, 《문화재》 통권 99호, 2023.

· 간문자, 「1960년대 저항 패션이 민속풍 패션에 미친 영향」, 《복식 학술저널》 제 30권, 1996.

· 한미경·은영자, 「1990년대의 히피패션에 관한 연구」, 《복식문화연구》 통권9호, 2001.

구두를 신은 세계사

© 태지원, 2023

초판 1쇄 발행일 | 2023년 7월 28일
초판 2쇄 발행일 | 2024년 10월 28일

지은이 | 태지원
펴낸이 | 정은영

펴낸곳 | (주)자음과모음
출판등록 | 2001년 11월 28일 제2001-000259호
주   소 | 10881 경기도 파주시 회동길 325-20
전   화 | 편집부 (02)324-2347, 경영지원부 (02)325-6047
팩   스 | 편집부 (02)324-2348, 경영지원부 (02)2648-1311
이메일 | jamoteen@jamobook.com
블로그 | blog.naver.com/jamogenius

ISBN 978-89-544-4943-4 (44080)
      978-89-544-3135-4 (SET)